AF453587

ENSEIGNEMENT LOGIQUE

DE LA LANGUE FRANÇAISE

AUX SOURDS-MUETS

ENSEIGNEMENT LOGIQUE

DE LA LANGUE FRANÇAISE

AUX SOURDS-MUETS

COURS DE PREMIÈRE ANNÉE

PROCURE GÉNÉRALE

DES FRÈRES DE SAINT-GABRIEL

A SAINT-LAURENT-SUR-SÈVRE (VENDÉE)

1900

PRÉFACE

Dans un exposé de l'enseignement de la langue française, lu au Congrès des Professeurs de Sourds-Muets réunis à Poitiers en 1891, nous disions que les principes à l'aide desquels nous essayons de donner à nos élèves la clef du langage régulier ne sont point de création récente... encore moins une innovation dans notre enseignement spécial.

Mais ces principes, nés de l'observation des faits et depuis longtemps en usage dans les écoles d'entendants parlants, des préjugés les écartaient de certains programmes des Institutions de Sourds-Muets, comme incompatibles avec le langage des signes. Aussi, à l'heure où ces préjugés tendent à disparaître, il n'est peut-être pas sans intérêt de rappeler qu'ils n'ont point été partagés par tous les Maîtres de Sourds-Muets et qu'un bon nombre se sont préoccupés de donner à leur enseignement une marche logique et raisonnée.

Ainsi Wallis, dans une lettre au docteur Beverley, trace un plan méthodique qui dénote « le maître préoccupé avant tout d'analyser les éléments de la pensée ». — L'abbé

Sicard, dans son ouvrage sur l'*Instruction d'un sourd de naissance*, dit qu'il faut analyser tous les mots dont on veut donner la connaissance à l'élève, faire distinguer avec une grande justesse le sens propre du sens figuré, la phrase composée de la phrase simple, l'incidente de la principale, etc. — Bébian, disciple de Sicard et héritier de ses idées, est auteur d'une méthode ayant pour base les dix parties du discours. — M. de Gérando, dans son magistral ouvrage sur l'*Éducation des Sourds-Muets*, ne craint pas de faire connaître ses préférences au chapitre de la grammaire et de la syntaxe. — Le Père Girard, qui ne trouve pas de moyen meilleur pour donner aux enfants doués de tous leurs sens l'enseignement régulier de la langue maternelle, a servi de guide et de modèle à plus d'un instituteur de sourds-muets. — M. l'abbé Blain consacre un chapitre entier de son *Aide-Mémoire*[1] au résumé des principes de phraséologie, persuadé que le sourd-muet, s'il ne s'astreint à l'analyse logique de la proposition, ne parviendra jamais à apprendre convenablement la langue française.

A la suite de ces Maîtres, plusieurs de nos Professeurs, et notamment les auteurs de nos méthodes — *Frère Anselme, en 1853,* — *Frère Dieudonné, en 1876* — ont adopté ces principes comme base de leur enseignement parce que, dit l'un d'eux en tête de son ouvrage, « la grande difficulté pour les sourds-muets, c'est de distinguer les éléments constitutifs de la proposition et de donner à chacun la place que lui assignent les règles de la syntaxe ».

Non, certes, que nous voulions entrer dans la voie des théories abstraites, et que nous approuvions l'emploi abusif fait, en certaines écoles, de la grammaire ou de l'analyse

---

1. Petite encyclopédie pouvant fournir aux Professeurs des Sourds-Muets des thèmes de devoirs intéressants et variés.

grammaticale, « de cette nuée de termes barbares », de règles syntaxiques s'adressant à la mémoire, non à l'intelligence ; mais prétendre vaincre la difficulté par la force de l'habitude et préférer à toutes les règles, à l'étude régulière et raisonnée de la proposition, les exemples seuls et un exercice répété, c'est s'exposer à faire fausse route, tout au moins à bâtir sur le sable ; car cette pratique, ne reposant sur aucune théorie propre à en régler l'emploi, ne pourra jamais servir de *guide à un jeune maître*, ni *amener cette unité de méthode si désirable et si avantageuse pour tous.*

Aussi, pour atteindre cette double fin, avons-nous adopté pour base de notre méthode cette devise d'un Maître :

« *Peu de règles — beaucoup d'exercices.* »

Peu de règles, mais quelques-unes, quelques principes très élémentaires exposés d'une façon claire et précise qui permettent aux élèves de revêtir leurs pensées (car avant tout ils doivent apprendre à penser — et ce sera le but des exercices) d'une forme correcte et logique en attendant... la forme élégante et plus recherchée qui sera le fruit de l'étude complète des principes de style et de littérature.

Du reste, nous ne sommes pas exclusifs, et le premier livre que nous offrons aux Maîtres des sourds-muets dit assez que notre préoccupation, *en cette première année d'enseignement,* a été de nous hâter, selon le mot de M. Claveau, vers le but essentiel de tout emploi de langage : *la transmission des impressions* — et que nous avons cherché à mettre au plus tôt nos jeunes élèves en mesure de s'exprimer dans un langage correct sans asservir, dès le début, leur esprit aux règles même les plus élémentaires de la grammaire, nous bornant à leur apprendre, plutôt en pratique qu'en théorie, les dix parties du discours.

*
* *

Les leçons de ce premier volume présentent trois caractères particuliers.

I. — Comme on pourra s'en rendre compte par la lecture de l'ouvrage, nous n'avons point accumulé au hasard les matériaux pouvant servir d'éléments à une méthode pour laisser aux Professeurs l'initiative personnelle du développement à y donner et de la marche à suivre. Dans notre pensée, les leçons établies et graduées d'après le niveau moyen des intelligences peuvent et doivent être suivies dans l'ordre où nous les avons disposées : c'est, du reste, le seul moyen d'éviter les lacunes que nous avons trop souvent le regret de constater dans le développement intellectuel de nos élèves, à la fin de leurs cours d'études, et de nous mettre à même d'apprécier, *dans ses résultats pratiques*, la valeur de cette nouvelle méthode.

Il va sans dire que notre intention n'est point d'enserrer la liberté du Maître ; il peut toujours, à son gré et selon les circonstances, étendre, expliquer ou appliquer, dans une mesure plus ou moins large, les leçons et les exercices modèles.

II. — Un second caractère de la méthode, en cette première année, c'est la part active que prend *chacun* des élèves, sans exception, à *tous* les exercices de classe. En raison de la moyenne ordinaire du nombre d'élèves confiés aux Professeurs de sourds-muets, nous nous sommes limités à *huit types de noms propres* que nous maintenons, autant que possible, dans tout le cours et qui représentent une classe entière.

Au début surtout, *tous*, à tour de rôle, doivent être mis en scène, exécuter chacun des ordres donnés par le Maître, répondre à *toutes* les questions et s'habituer à exprimer rapidement leurs pensées quand ils sont interrogés *au hasard*, dans les exercices de récapitulation. C'est pour rendre notre pensée plus saisissante pour les Professeurs que nous avons tenu à exposer *entièrement* les premières leçons et à ne rien laisser à l'imprévu, même dans les exercices.

Ce moyen pratique, insignifiant *a priori*, a pour avantages de tenir constamment en éveil l'intelligence et l'attention des élèves et de graver dans les mémoires les plus revêches les mots nouveaux qui forment l'objet de la leçon.

III. — Un troisième caractère de la méthode est la suppression radicale des listes de noms, d'adjectifs ou de verbes — de nomenclature en un mot — qui donnent à un ouvrage l'aspect d'un dictionnaire. Notre but étant de fournir à nos élèves, dans le plus bref délai possible, la facilité de s'exprimer correctement, nous avons jugé préférable de ne leur mettre sous les yeux que des propositions complètes, estimant, avec les Professeurs les plus expérimentés, que nous devons réagir, dès le principe, contre la tendance naturelle du sourd-muet à exprimer sa pensée par des mots et non par des phrases. Et dans cet ordre d'idées, si l'on concède aux entendants parlants, à une question posée, par exemple, de répondre par un oui ou un non, nous devons, nous Professeurs de sourds-muets, nous montrer intransigeants et exiger toujours, dans les premières années, la proposition complète.

*
* *

Les exercices qui suivent chaque leçon justifieront amplement, croyons-nous, la seconde partie de notre devise : *beaucoup. d'exercices* ; la lecture du premier volume de l'ouvrage suffira pour s'en convaincre. Il ne sera pas défendu aux Maîtres de les multiplier, mais nous leur demandons instamment de ne négliger aucun de ceux qui leur sont présentés dans la méthode.

Quelques-uns devront se faire de *vive voix* pendant la classe, d'autres serviront de thèmes de *devoirs écrits* pendant les études — tous devront être préparés avec soin dans le but d'obtenir des élèves *un travail personnel.*

Nous disons travail personnel et nous insistons sur ce point : certains Professeurs, cédant à l'ardeur d'un zèle louable mais inexpérimenté., croient avoir rempli consciencieusement leur tâche et avoir fait merveille quand ils ont consacré une partie notable de la classe à des explications auxquelles leurs élèves ont donné force signes approbateurs alors que, dans une proportion que nous n'osons indiquer, ils n'ont à peu près rien compris. Au point de vue du devoir accompli, c'est irréprochable ; quant au résultat, il est nul ; et s'il n'était banal de le redire, nous leur conseillerions de s'inspirer davantage, dans la pratique, de cette pensée de Mgr Dupanloup· : « Ce que l'instituteur fait par lui-même est peu de chose, ce qu'il fait faire est tout. »

Les praticiens savent dans quelle mesure cette pensée du grand Evêque doit trouver son application dans notre enseignement spécial en raison du triple obstacle à franchir pour atteindre l'intelligence du sourd-muet :

1° Difficulté pour l'élève de saisir tous les mots prononcés par le Maître ;

2° Ignorance de ces mots et des termes employés, quant à leur nature et à leur fonction dans la phrase, ou quant à leur signification au sens propre ou au sens figuré, et, comme conséquence, difficulté de se les assimiler ;

3° Difficulté d'associer dans leur esprit, par un lien logique, les idées entre elles, surtout si l'explication est trop longue.

Dans des conditions aussi défavorables, le dévouement des Maîtres serait superflu, inutile, s'il se bornait à laisser aux élèves un rôle exclusivement passif : de là, la nécessité et les avantages des répétitions fréquentes, des exercices d'inventions de toutes sortes pour provoquer chez nos élèves la réflexion et le travail personnel ; de là, l'utilité d'un moyen de contrôle dont nous avons fait large part dans la méthode, même dès le début du cours d'études, et que nous engageons les Maîtres à ne pas négliger : *la forme interrogative, les questions*, ce qu'un trop modeste instituteur, dans sa haute compétence, désignait, dans la *Revue Internationale* du mois d'avril 1886, sous le nom d' « *Anses aux cruches* ».

*
* *

Enfin, il est un troisième genre d'exercices dont nous avons émaillé ce premier cours : *les lectures* données sous forme *de dictées*.

Et par dictées, nous n'entendons pas les exercices purement abstraits de lecture sur les lèvres dont il faut faire un fréquent usage dans notre intérêt et celui de nos élèves, mais bien *des dictées orthographiques, des phrases* ayant un sens complet par elles-mêmes ou associées à d'autres, *des résumés* de leçons déjà apprises, *de petits récits* simples, à la portée des jeunes intelligences auxquelles ils s'adressent et dont tous les termes, ou à peu près, leur sont accessibles.

Outre que cet exercice est un encouragement pour l'élève, qui écrit avec satisfaction ce qu'il comprend, il est en même temps pour le Maître — dans la correction de la dictée et dans la petite conversation qui suit — un excellent procédé pour s'assurer que son enseignement a été donné avec fruit.

Est-il besoin d'ajouter que l'appréciation du devoir, la proclamation publique des fautes d'orthographe, la transcription sur un cahier d'honneur des dictées les mieux réussies, sont autant de stimulants dont saura tirer parti un bon Maître pour rendre la classe intéressante et réveiller les natures paresseuses ou endormies?

Habituer le sourd-muet, dès le jeune âge, *à lire avec intelligence,* après avoir exercé sa réflexion et son jugement à *l'expression correcte et logique* de ses idées, c'est, à notre avis, la meilleure, sinon l'unique voie, à suivre pour développer en lui le goût de la lecture et, comme conséquence, pour lui donner la clef de son développement intellectuel, but de notre méthode de français.

L'Auteur ne revendiquera nullement la paternité exclusive de tous les exercices de la méthode : sous une forme ou sous une autre, ils sont le fruit de l'expérience de nos meilleurs Professeurs et d'une tradition de plus d'un demi-siècle. C'est donc un bien de famille, dont nous serons heureux de faire bénéficier tous ceux qui, pour l'amour de Dieu et de l'humanité, continueront, après nous, de se dévouer au relèvement intellectuel, moral et religieux de nos chers sourds-muets.

Institution des Sourds-Muets de Poitiers, le 21 mars 1900.

CHAPITRE PREMIER

VERBES NEUTRES

————·❊·——

PREMIÈRE LEÇON

NOMS PROPRES

Le Professeur appelle chacun de ses élèves :

Jean !	Pierre !
Paul !	Camille !
Louis !	René !
Jules !	Philippe !

————

EXERCICES

I

Le Professeur appelle de nouveau les élèves par ordre, comme ci-dessus.

II

Le Professeur appelle les élèves inversement :

Philippe !	Jules !
René !	Louis !
Camille !	Paul !
Pierre !	Jean !

III

Le Professeur appelle les élèves pêle-mêle :

Philippe !	Pierre !	Jean !
Pierre !	René !	Paul !
Philippe !	Jules !	Camille !
Louis !	Camille !	Jules !
Paul !	Louis !	René !

IV

A l'appel d'un élève, tous ses camarades le désignent du doigt, en disant son nom à haute voix.

Par exemple, le Professeur appelle : *Jean !* et pose la question : *Qui ?* Tous les élèves, désignant cet élève, disent spontanément son nom : *Jean*, ou, s'ils sont interrogés séparément, ils disent, en montrant l'élève appelé : *Voici Jean, voici Camille,* etc.

V

Même exercice que le nᵒ IV, mais sans appellation :

Le Professeur désigne *du doigt* un élève, et en réponse à la question *qui*, chacun des camarades doit dire de vive voix : *Voici Jean, voici Paul,* etc.

VI

Le Professeur dicte quelques noms propres : *Dieu, Jésus, Marie, Joseph,* le nom des Professeurs de l'établissement et, s'il est possible, des parents et de certaines personnes connues des élèves.

DEUXIÈME LEÇON

MARCHER, SAUTER, JOUER, TOURNER, COURIR

Jean ! marche.	Jean ! saute.	Jean ! joue.
Paul ! marche.	Paul ! saute.	Paul ! joue.
Louis ! marche.	Louis ! saute.	Louis ! joue.
Jules ! marche.	Jules ! saute.	Jules ! joue.
Pierre ! marche.	Pierre ! saute.	Pierre ! joue.
Camille ! marche	Camille ! saute.	Camille ! joue.
René ! marche.	René ! saute.	René ! joue.
Philippe ! marche.	Philippe ! saute.	Philippe ! joue.

Jean ! tourne.	Jean ! cours.
Paul ! tourne.	Paul ! cours.
Louis ! tourne.	Louis ! cours.
Jules ! tourne.	Jules ! cours.
Pierre ! tourne.	Pierre ! cours.
Camille ! tourne.	Camille ! cours.
René ! tourne.	René ! cours.
Philippe ! tourne	Philippe ! cours.

Observations. — Il y a plusieurs manières de donner aux élèves l'intelligence des ordres ci-dessus :

1º Le Professeur fait lire la leçon à haute voix. Si les élèves comprennent le sens de la phrase, ils exécutent immédiatement l'action, sinon le Professeur se met lui-même en scène ;

2º Le Professeur donne l'ordre de vive voix — sans se préoccuper du livre — et si aucun des élèves ne peut le comprendre, il exécute l'action ; et 3º il contrôle ensuite au moyen de questions qui maintiennent en éveil l'intelligence de ses élèves : *Qui marche? Qui saute? Qui court?* ou *Que fait Paul? Que fait Louis? Que fait René?* etc.

La réponse à ces questions doit être donnée *de vive voix, et le plus souvent* transcrite au tableau noir aussitôt que les élèves le pourront faire convenablement.

Nota. — *Nous ne voyons aucun inconvénient,* au contraire, *à laisser lire la leçon aux élèves avant la classe; la lecture sur les lèvres sera rendue plus facile, et la tâche du maître singulièrement adoucie.*

EXERCICES

I

Le Professeur intervertit l'ordre des verbes et met en scène tous ses élèves :

Jean ! marche.
Paul ! saute.
Louis ! saute.
Jules ! joue.
Pierre ! marche.
Camille ! cours.
René ! tourne.
Philippe ! joue.

Jean ! saute.
Paul ! joue.
Louis ! cours.
Jules ! marche.
Pierre ! saute.
Camille ! tourne.
René ! joue.
Philippe ! cours.

II

Le même élève est invité à exécuter plusieurs actions :

Jean !   saute.
           cours.
           marche.
           joue.

Louis !   joue.
           saute.
           cours.
           tourne.

Pierre !   marche.
           joue.
           saute.

René !   cours.
           marche.
           saute.

Paul !   tourne.
           marche.
           cours.
           saute.

Jules !   cours.
           marche.
           saute.
           joue.

Camille ! tourne.
           cours.
           joue.

Philippe ! saute.
           tourne.
           cours.

Après chaque action, le Professeur interroge :

Camille ! qui saute ?
Pierre ! qui marche ?
René ! qui joue ?
Jean ! qui court ?

La réponse à cette question amène l'expression : *C'est moi.* — Ne pas craindre de la faire employer.

> *Pierre! que fait Jean?*
> *Jules! que fait René?* etc., etc.

III

Le Professeur exécute lui-même ou fait exécuter les actions sans donner d'ordre apparent ; les élèves doivent rendre compte : *Pierre marche. — Jean saute. — Louis court. — M. X... tourne,* etc...

IV

Le Professeur donne sous forme de dictée, si les élèves savent bien écrire, quelques-unes des phrases enseignées au cours de la leçon.

TROISIÈME LEÇON

TOMBER, CRIER, CRACHER, SOUFFLER

Jean ! tombe.	Jean ! crie.
Paul ! tombe.	Paul ! crie.
Louis ! tombe.	Louis ! crie.
Jules ! tombe.	Jules ! crie.
Pierre ! tombe.	Pierre ! crie.
Camille ! tombe.	Camille ! crie.
René ! tombe.	René ! crie.
Philippe ! tombe.	Philippe ! crie.
Jean ! crache.	Jean ! souffle.
Paul ! crache.	Paul ! souffle.
Louis ! crache.	Louis ! souffle.
Jules ! crache.	Jules ! souffle.
Pierre ! crache.	Pierre ! souffle.
Camille ! crache.	Camille ! souffle.
René ! crache.	René ! souffle.
Philippe ! crache.	Philippe ! souffle.

Chaque élève exécute l'action à son tour, et le Professeur interroge : *Louis ! que fait Jean ? — Jules ! que fait Paul ? — René ! que fait Camille ?*

EXERCICES

I

Le Professeur intervertit l'ordre des verbes :

Jean ! souffle.   Paul ! tombe.
Paul ! crie.   Jules ! crache.
Louis ! crache.   Jean ! souffle.
Jules ! tombe.   Louis ! crie.
Pierre ! crie.   Camille ! tombe.
Camille ! souffle.   René ! crache.
René ! tombe.   Philippe ! crie.
Philippe ! crache.   Pierre ! souffle.

Questions : *Paul ! qui souffle ?*   *Jean ! qui tombe ?*
qui crache ?   *qui souffle ?*
qui crie ?   *qui crache ?*
Etc...   Etc...

II

Le Professeur donne successivement plusieurs ordres au même élève :

Jean !   tombe.   Paul !   souffle.
crache.   tombe.
tombe.   crache.

Louis !   crie.   Jules !   souffle.
crache.   crie.
souffle.   tombe.

Pierre !   tombe.   Camille !   crache.
crache.   souffle.
souffle.   tombe.

René !   crie.   Philippe !   tombe.
tombe,   souffle.
crache.   crie.

III

Le Professeur met en scène tous les élèves, à tour de rôle :

Jean ! souffle.	Pierre ! joue.
Paul ! saute.	Camille ! crie.
Louis ! cours.	René ! tombe.
Jules ! tourne.	Philippe ! crache.

Cet exercice peut être renouvelé plusieurs fois en intervertissant toujours l'ordre des verbes.

A la suite de cet exercice, chaque élève rend compte de l'action exécutée par lui-même ou par l'un de ses camarades : *Que fait Jean? Que fait Paul?* etc.., Aux questions : *Paul! qui souffle? Louis! qui saute? Jules! qui tombe? Pierre! qui joue?* les élèves répondent : Jean souffle, Paul saute, René tombe, ou : C'est Jean, c'est Paul, c'est René, *c'est moi.*

IV

Quand il en a la facilité, le Professeur peut se servir de gravures représentant des scènes bien mouvementées; et donnant à chacun des personnages un nom propre d'emprunt, il adresse aux élèves les questions d'usage : *Qui joue? — Qui saute? — Qui court? — Que fait Maurice? — Que fait ce garçon? cette fille?* etc...

V

Le Professeur exécute lui-même ou fait exécuter les actions sans donner d'ordre apparent : les élèves rendent compte.

VI

Le Professeur dicte quelques-unes des phrases de la leçon : les élèves répètent ces phrases ou les transcrivent sous la dictée.

Nota. — *Il sera avantageux pour un grand nombre d'élèves de faire transcrire ordinairement les réponses sur le tableau noir.*

QUATRIÈME LEÇON

SORTIR, ENTRER, ALLER, VENIR.

Jean ! sors.
Paul ! sors.
Louis ! sors.
Jules ! sors.
Pierre ! sors.
Camille ! sors.
René ! sors.
Philippe ! sors.

Jean ! va-t'en.
Paul ! va-t'en.
Louis ! va-t'en.
Jules ! va-t'en.
Pierre ! va-t'en.
Camille ! va-t'en.
René ! va-t'en.
Philippe ! va-t'en.

Jean ! entre.
Paul ! entre.
Louis ! entre.
Jules ! entre.
Pierre ! entre.
Camille ! entre.
René ! entre.
Philippe ! entre.

Jean ! viens.
Paul ! viens.
Louis ! viens.
Jules ! viens.
Pierre ! viens.
Camille ! viens.
René ! viens.
Philippe ! viens.

EXERCICES

I

Le Professeur donne successivement plusieurs ordres au même élève :

Jean !	Paul !	Louis !
sors.	viens.	va-t'en.
viens.	va-t'en.	entre.
va-t'en.	entre.	sors.
entre.	sors.	viens.

Jules !   viens.   Pierre !   sors.   Camille ! va-t'en.
           va-t'en.   entre.   viens.
           sors.   va-t'en.   sors.

       René !   viens.   Philippe ! sors.
                 entre.   va-t'en.
                 sors.   viens.

II

Le Professeur fait exécuter les actions à chaque élève :

Jean ! viens.   Pierre ! entre.   Paul ! va-t'en.
Paul ! sors.   Camille ! viens.   Jules ! sors.
Louis ! entre.   Jules ! va-t'en.   Camille ! viens.
René ! va-t'en.   Philippe ! sors.   Etc...

Questions : *Qui vient ?*
Qui entre ?
Que fait Camille ?
Que fait Louis ? etc...

III

Le Professeur exécute ou fait exécuter les actions sans donner d'ordre apparent : les élèves rendent compte.

CINQUIÈME LEÇON

LIRE, ÉCRIRE, ÉTUDIER, COMPTER, DESSINER, PRIER

Jean ! lis.   Jean ! écris.   Jean ! étudie.
Paul ! lis.   Paul ! écris.   Paul ! étudie.
Louis ! lis.   Louis ! écris.   Louis ! étudie.
Jules ! lis.   Jules ! écris.   Jules ! étudie.
Pierre ! lis.   Pierre ! écris.   Pierre ! étudie.
Camille ! lis.   Camille ! écris.   Camille ! étudie.
René ! lis.   René ! écris.   René ! étudie.
Philippe ! lis.   Philippe ! écris.   Philippe ! étudie.

Jean ! compte.	Jean ! dessine.	Jean ! prie.
Paul ! compte.	Paul ! dessine.	Paul ! prie.
Louis ! compte.	Louis ! dessine.	Louis ! prie.
Jules ! compte.	Jules ! dessine.	Jules ! prie.
Pierre ! compte.	Pierre ! dessine.	Pierre ! prie.
Camille ! compte.	Camille ! dessine.	Camille ! prie.
René ! compte.	René ! dessine.	René ! prie.
Philippe ! compte.	Philippe ! dessine.	Philippe ! prie.

Pour s'assurer que les élèves exécutent les ordres avec intelligence, le Professeur interroge : *Paul ! que fait Jean ? — Louis ! que fait Pierre ? — René ! que fait Jules ?* etc... *— Pierre ! qui compte ? qui prie ?* etc...

EXERCICES

I

Le Professeur donne successivement plusieurs ordres au même élève :

Jean !	lis.	Paul !	prie.	Louis !	compte.
	étudie.		dessine.		lis.
	dessine.		compte.		étudie.
	compte.		écris.		prie.
Jules !	étudie.	Pierre !	dessine.	Camille !	compte.
	compte.		lis.		prie.
	prie.		étudie.		dessine.
René !	lis.			Philippe !	étudie.
	dessine.				prie.
	compte.				lis.

II

Le Professeur donne des ordres et fait rendre compte :

Camille ! compte.	Paul ! écris.
Pierre ! dessine.	Jean ! prie.
Jules ! étudie.	Louis ! dessine.
René ! lis.	Philippe ! étudie.

Questions : *Jules! que fait Camille? — Pierre! que fait Jean? — Louis! que fait René? — Camille! que fait Paul?* etc... *— Philippe! qui lit? — Jules! qui dessine? — Pierre! qui dessine? — Philippe! qui étudie?* etc.

III

Se servir d'une gravure, comme il est indiqué au 4ᵉ exercice de la troisième leçon.

IV

Le Professeur exécute ou fait exécuter les actions sans donner d'ordre apparent : les élèves rendent compte.

V

Le Professeur dicte quelques-unes des phrases de la leçon : les élèves répètent ces phrases de vive voix et les transcrivent sous la dictée.

RÉCAPITULATION

I

Le Professeur donne successivement plusieurs ordres au même élève :

Louis!	tombe.	Jules !	tourne.	René!	étudie.
	cours.		écris.		marche.
	lis.		saute.		souffle.
Pierre !	compte.	Jean !	sors.	Paul !	dessine.
	va-t'en.		entre.		prie.
	viens.		crie.		tourne.
Camille !	joue.			Philippe !	cours.
	crache.				souffle.
	sors.				va-t'en.

II

Le Professeur fait rendre compte des actions :

<table>
<tr><td>Jules ! écris.</td><td>Philippe ! cours.</td></tr>
<tr><td>Pierre ! saute.</td><td>Louis ! prie.</td></tr>
<tr><td>René ! va-t'en.</td><td>Pierre ! marche.</td></tr>
<tr><td>Jean ! souffle.</td><td>Jules ! sors.</td></tr>
<tr><td>Camille ! viens.</td><td>Jules ! entre.</td></tr>
<tr><td>Paul ! crie.</td><td>Louis ! saute.</td></tr>
<tr><td colspan="2" align="center">Etc... etc...</td></tr>
</table>

Questions à poser : *René ! qui écrit ? — Jules ! qui s'en va ? — Pierre ! qui saute ? — Camille ! qui sort ? — Jean ! qui entre ? — Jules ! qui écrit ? etc...*

Pierre ! que fait Jules ? — Jules ! que fait Pierre ? — Jean ! que fait Camille ? — Paul ! que fait Louis ? etc...

III

Le Professeur exécute et fait exécuter les actions sans donner d'ordre apparent : les élèves rendent compte après interrogation ou spontanément.

———

LECTURE

Les élèves écrivent la lecture suivante sous la dictée du Professeur.

Louis marche. Paul saute. Jean joue. Jules tourne. Pierre court. Camille tombe. René crie. Philippe crache. Jean souffle. Paul sort. Louis entre. Jules vient. René s'en va. Camille écrit. René étudie. Philippe compte. Jean dessine.

CHAPITRE DEUXIÈME

VERBES ACTIFS

PREMIÈRE LEÇON

Le verbe a pour régime ou complément direct un nom propre.

Emploi de la conjonction ET

TOUCHER, FRAPPER, REGARDER, SALUER, CARESSER

I

Jean ! touche Louis.

Paul ! touche Louis.

Jules ! touche Louis.

Pierre ! touche Louis.

Camille ! touche Louis.

René ! touche Louis.

Philippe ! touche Louis.

Jean ! frappe René.

Paul ! frappe René.

Louis ! frappe René.

Jules ! frappe René.

Pierre ! frappe René.

Camille ! frappe René.

Philippe ! frappe René.

Jean ! salue Pierre.

Paul ! salue Pierre.

Louis ! salue Pierre.

Jules ! salue Pierre.

Camille ! salue Pierre.

René ! salue Pierre.

Philippe ! salue Pierre.

Jean ! regarde Philippe.

Paul ! regarde Philippe.

Louis ! regarde Philippe.

Jules ! regarde Philippe.

Pierre ! regarde Philippe.

Camille ! regarde Philippe.

René ! regarde Philippe.

Après chaque action, le Professeur interroge les élèves :

*Paul! que fait Pierre? — Jean! que fait Camille? — Louis! que fait Jules?
— Camille! qui salue Pierre?* etc.

II

Jean !   appelle Pierre —   appelle Jules.
Paul !   appelle Pierre —   appelle Jules.
Louis !   appelle Pierre —   appelle Jules.
Camille !   appelle Pierre —   appelle Jules.
René !   appelle Pierre —   appelle Jules.
Philippe ! appelle Pierre —   appelle Jules.

Après exécution des ordres ci-dessus, le Professeur adressera à chacun des
élèves la question suivante : *Paul! que fait Jean?*
L'élève répondra : Jean appelle Pierre — Jean appelle Jules.
Et on lui fera écrire :

Jean appelle Pierre *et* Jules.

Louis ! que fait Paul ?

Paul appelle Pierre *et* Jules.

Camille! que fait Louis?
René! que fait Camille? etc.

EXERCICES

I

**Le Professeur donne successivement plusieurs ordres au
même élève :**

Jean! touche Philippe — frappe Camille — regarde Jules — salue
Monsieur X...
Paul! salue René —touche Monsieur X... — frappe Camille — regarde
Jean.
Louis! appelle Jean — salue Paul — regarde Monsieur X... — touche
Pierre — frappe Camille.
Jules! touche René — frappe Paul — salue Philippe.
Pierre ! regarde Jean — appelle Camille — salue René, etc., etc.

Après cet exercice, le Professeur adresse des questions comme les suivantes, *au présent*, les élèves ne connaissant pas d'autres temps :

Louis! qui touche Philippe ? — qui salue René ? — qui appelle Jean ?
Jules! qui touche Monsieur X... ? — qui appelle Camille ? — qui frappe
Paul ?
Pierre! qui regarde Jean ? — qui appelle Camille ? — qui salue Paul ? etc.

II

Le Professeur fait associer deux compléments au même verbe :

<pre>
Jean !   frappe Louis   — frappe Jules.
Louis !   touche René   — touche Philippe.
Pierre !   regarde M. X...   — regarde Jean.
Jules !   appelle René   — appelle Paul.
Camille ! salue   M. X...   — salue   Philippe.
Louis !   regarde René   — regarde Pierre,
Pierre !   touche Philippe — touche Jean.
</pre>

Questions : *Pierre! que fait Jean?*
                    Jean frappe Louis et Jules.
    Louis! que fait Pierre?
    Pierre! que fait Louis?
    René! que fait Jules ?
    Jules! que fait Camille?
    Camille! qui appelle René et Paul?
    Louis! qui touche Philippe et Jean?
    Jean! qui frappe Louis et Jules?
    Jules! qui appelle René et Paul? etc., etc.

Multiplier les questions pour faire contracter aux élèves l'habitude d'exprimer rapidement — *et le plus spontanément possible* — leurs pensées. Ne pas négliger cependant de faire transcrire au tableau noir la plupart des réponses.

III

Exercices de récapitulation (Verbes neutres et actifs) :

<pre>
Louis !   tourne.   Jules !   va-t'en.
Paul !   tombe.   Paul !   salue Pierre.
Jean ! · appelle Paul.   Pierre !   crache.
René !   crache.   Philippe ! touche René et Jules.
Camille ! viens.   Jean !   frappe Louis et Paul.
</pre>

Ces ordres doivent être donnés et exécutés rapidement, de façon à donner de la vie à la division tout entière. (Cette remarque s'applique à tous les exercices.) Aussi sera-t-il assez souvent avantageux de n'interroger les élèves qu'après épuisement de la série des ordres. Au début, le temps du verbe employé après exécution des actions, *le présent*, est une anomalie qui disparaîtra quand on aura enseigné *le passé*.

Paul ! que fait Louis ?
Jean ! que fait Paul ?
Jules ! que fait René ?
Camille ! que fait Philippe ?
Pierre ! que fait Jules ?
René ! que fait Jean ?

Louis ! qui salue Pierre ?
Philippe ! qui touche René et Jules ?
Camille ! qui vient ?
Paul ! qui tombe ?
Jules ! qui appelle Paul ?
René ! qui frappe Louis et Paul ?

IV

Le Professeur fait rendre compte de deux actions exécutées par deux élèves :

Louis ! marche.
René ! frappe Pierre.

Questions : *Paul ! que fait Louis ? que fait René ?*
R. Louis marche et René frappe Pierre.
Paul ! qui marche et qui frappe Pierre ?
R. Louis marche et René frappe Pierre.

> Camille ! compte — Pierre ! appelle Jules.
> Paul ! dessine — Jules ! regarde Philippe.
> Pierre ! étudie — Camille ! salue Monsieur X...
> Jules ! va-t'en — Paul ! touche Jean.
> René ! tombe — Jules ! salue Pierre.
> Philippe ! étudie — Pierre ! appelle Jean.
> Jean ! crache — Louis ! touche Paul, etc., etc.

Le Professeur posera les questions comme ci-dessus et exigera comme tou jours une réponse *de vive voix* d'abord, *par écrit* ensuite.

V

Le Professeur exécutera et fera exécuter des actions sans donner d'ordre apparent: les élèves rendront compte spontanément ou après interrogation.

LECTURE

Les élèves écriront la lecture suivante sous la dictée du Professeur :

Paul touche Philippe. René frappe Camille. Pierre salue Jean. René tourne. Jules s'en va. Louis regarde Paul et René. Philippe caresse Jean et Pierre. Camille frappe Louis et Jules. Jules touche Philippe et Jean regarde Camille. Qui s'en va ? C'est Jean. Qui frappe Paul ? C'est moi.

DEUXIÈME LEÇON

Le verbe a pour régime un nom commun.

Emploi de la conjonction ET

TOUCHER, MONTRER, PRENDRE, GRATTER

Masculin : *un, le, du*　　　　**Féminin :** *une, la, de la*

Jean ! touche *un* pantalon.	Paul ! touche *une* blouse.
Jean ! touche *un* gilet.	Paul ! touche *une* tunique.
Jean ! touche *un* paletot.	Paul ! touche *une* casquette.
Jean ! touche *un* chapeau.	Paul ! touche *une* ceinture.
Jean ! touche *un* képi.	Paul ! touche *une* jarretière.
Jean ! touche *un* mouchoir.	Paul ! touche *une* chemise.
Jean ! montre *un* cahier.	Paul ! montre *une* règle.
Jean ! montre *un* livre.	Paul ! montre *une* plume.
Jean ! montre *un* crayon.	Paul ! montre *une* éponge.
Jean ! montre *un* porte-plume.	Paul ! montre *une* baguette.
Jean ! montre *un* encrier.	Paul ! montre *une* ardoise.
Jean ! montre *un* porte-crayon.	Paul ! montre *une* serviette (de bureau).
Jean ! gratte *le* bureau.	Paul ! gratte *la* table.
Jean ! gratte *le* mur.	Paul ! gratte *l'*ardoise.
Jean ! gratte *du* papier.	Paul ! gratte *la* porte.

Jean ! gratte *le* banc.

Jean ! gratte *le* plancher.

Jean ! gratte *le* pupitre.

Jean ! prends *un* couteau.

Jean ! prends *du* pain.

Jean ! prends *un* plat.

Jean ! prends *un* verre.

Jean ! prends *un* pot.

Jean ! prends *un* sucrier.

Paul ! gratte *la* fenêtre.

Paul ! gratte *la* chaise.

Paul ! gratte *de la* craie.

Paul ! prends *une* assiette.

Paul ! prends *une* soupière.

Paul ! prends *une* bouteille.

Paul ! prends *une* carafe.

Paul ! prends *une* cuillère.

Paul ! prends *une* salière.

Comme il est aisé de le remarquer, cette deuxième leçon a pour objet l'extension de la nomenclature groupée sous la rubrique : *masculin, féminin,* afin d'habituer de bonne heure le sourd-muet à distinguer le genre des noms communs. Nous débutons par le verbe *toucher,* précédemment enseigné, afin de faire porter exclusivement l'attention de l'élève sur le nom complément.

La série des six ordres est donnée — avec le même verbe — *au même élève, et successivement, à tous les élèves de la classe.*

Questions à poser au cours de la leçon : *Paul! qui touche un pantalon? — Jules! qui touche un chapeau? — Jean! qui touche une casquette? — René! qui montre un crayon? — Camille! qui montre une éponge? — Paul! que fait Jean? — Louis! que fait Jules? — Philippe? que fait Camille? etc...*

Remarque : Le Professeur devra se munir de tous les objets nécessaires à la leçon. Toute nomenclature préalable ayant été écartée, l'élève hésitera avant de toucher ou de montrer l'objet. Dans ce cas, le Professeur ou un élève plus avancé y suppléera.

EXERCICES

I

Revision de la nomenclature :

Jean ! montre un pantalon.

montre un képi.

montre une règle.

Paul ! touche un encrier.

touche le mur.

touche une carafe.

Louis ! gratte un cahier.   Jules ! prends de la craie.
      gratte une ardoise.   prends une ceinture.
      gratte le pupitre.   prends une éponge.

Pierre ! touche la porte.   Camille ! montre un verre.
      touche le bureau.   montre une salière.
      touche une blouse.   montre un banc.

René ! prends du papier.   Philippe ! gratte la porte.
      prends une baguette.   gratte le plancher.
      prends une jarretière.   gratte de la craie.

A la suite de l'action ou à la fin de l'exercice, le Professeur interroge les élèves : *Paul ! que fait Jean? — Louis ! que fait Paul? — Jules ! que fait Louis? — Pierre ! que fait Jules?* La réponse amène l'emploi de la conjonction *et*.

Louis ! qui montre un verre, une salière et un banc? — Jules ! qui touche un encrier et le mur? — Philippe ! qui prend du papier et une jarretière? — Jean ! qui montre un pantalon et une règle? etc...

II

Même exercice que le précédent, en employant la conjonction *et* **:**

    Jean ! montre une ardoise et une jarretière.
    Paul ! prends un encrier et une règle.
    Louis ! montre une règle et de la craie.
    Jules ! touche une blouse et un gilet.
    Pierre ! touche le mur, le bureau et la porte.
    Camille ! prends un verre, une salière et un pot.
    René ! montre une éponge et un livre.
    Philippe ! gratte le plancher et le banc.

Le Professeur peut se borner à faire exécuter ces actions sans en demander le compte rendu. Dans le cas contraire, qu'il se reporte aux questions du premier exercice.

III

Associer plusieurs compléments au même verbe et employer la conjonction *et* **avant le dernier :**

    Léon montre   —   —   —
    Camille touche   —   —   —
    Louis prend   —   —   —

Jules montre   —   —   —
Pierre regarde   —   —   —
Camille gratte   —   —   —
René regarde   —   —   —
Philippe salue   —   —   —
    Etc.

IV

Mettre avant le nom l'article et l'adjectif convenables :

Jean touche . . . . cahier   et . . . . règle.
Paul montre . . . . craie   et . . . . . . papier.
Louis montre . . . . . . blouse   et . . . . . . chemise.
Jules touche. . . . . . . gilet   et . . . . . . képi.
Pierre gratte. . . . . . . mur   et . . . . . . fenêtre.
Camille prend. . . . . . encrier   et . . . . . . pain.
René prend . . . . salière   et . . . . . . verre.
Phlippe montre . . . . . soupière et . . . . . . carafe.
    Etc.

V

Le Professeur exécute lui-même quelques actions et en demande le compte rendu :

Que fait Monsieur X... ? — R. Monsieur X... souffle — court — touche Camille — prend une plume et de l'encre, etc.

VI

Les élèves composent une ou plusieurs phrases à l'aide des expressions suivantes :

René — Camille — Louis et Jules — Un couteau — Une blouse et une chaise — La porte — Le bureau et le mur — Une carafe et une bouteille, etc.

Exemples : *Louis frappe René. — Jules regarde Camille.*

VII

Exercice de récapitulation :

Louis! montre un mouchoir.
Paul! montre une jarretière et un crayon.
Jules! gratte le bureau, le mur et la porte.

Camille! touche le tableau et le banc.
Pierre! prends du papier —Jules! gratte le banc.
René! montre un encrier — Louis! prends une éponge.
Jean! touche la bouteille — Paul! montre un verre. Etc., etc.

Questions à poser : *Paul! que fait Louis? — Louis! que fait Paul? — Camille! que fait Jules? etc... — René! qui montre un mouchoir? — Paul! qui gratte le bureau, le mur et la porte? — Jules! qui prend du papier et qui gratte le banc? — Jean! qui touche la bouteille et qui montre un verre?*

Remarque : 1° Le but du Professeur étant d'exercer ses élèves à la composition phraséologique, les expressions : *C'est Louis, c'est Paul,* ne devront pas être la réponse invariable à la question *qui*; il exigera au contraire assez fréquemment une phrase bien complète.

2° *Si, dans l'intérêt de tous les élèves, on conseille de faire transcrire,* le plus souvent, *les réponses au tableau noir, nous ne croyons pas moins utile,* au moins pour quelques-uns, *la transcription des questions.*

LECTURE

Les élèves écriront la lecture suivante sous la dictée du Professeur :

Pierre montre une baguette. Louis touche un pupitre. Jules gratte le mur et le banc. Paul prend un verre. René prend une éponge et une règle. Philippe montre une bouteille et une carafe. Louis prend du papier et un crayon et Pierre gratte le mur et la porte. Qui montre une bouteille et une carafe? C'est Louis.

TROISIÈME LEÇON

Le verbe a pour régime un nom commun.

CACHER, CHERCHER, JETER, RAMASSER, SALIR, BROSSER

Masculin singulier : *un, le, du*   **Masculin pluriel :** *des*

Jean !   cache un livre.
        cache *encore* un livre.

Paul !   cache *aussi* un livre.   Pierre !   cherche des livres.

Louis ! cache un cahier.
        cache *encore* un cahier.

Jules !   cache *aussi* un cahier.   Camille ! cherche des cahiers.

René !   cache un crayon.
        cache *encore* un crayon.

Pierre ! cache *aussi* un crayon.   Philippe ! cherche des crayons.

Paul !   salis un manteau.
        salis *encore* un manteau.

Louis ! salis *aussi* un manteau.   Jules !   brosse des manteaux.

Pierre ! salis un paletot.
        salis *encore* un paletot.

Jean !   salis *aussi* un paletot.   Paul !   brosse des paletots.

Féminin singulier : *une, la*   **Féminin pluriel :** *des, les*

Jean !   jette une balle.
        jette *encore* une balle.

Louis ! jette *aussi* une balle.   Philippe ! ramasse les balles.

Paul !   jette une toupie.
            jette *encore* une toupie.

Jules !   jette *aussi* une toupie.   Pierre !   ramasse les toupies.

Camille ! jette une règle.
            jette *encore* une règle.

René !   jette *aussi* une règle.   Jean !   ramasse les règles.

Après la première action, le Professeur demande, par exemple : *Louis ! que fait Jean ?*
Et Louis répond : Jean cache un livre.

Après la deuxième action : *Louis ! que fait Jean ?*
R. Jean cache *encore* un livre.

Après la troisième action : *Louis ! que fait Paul ?*
R. Paul cache *aussi* un livre.

Puis, ayant donné à Pierre l'ordre de chercher des livres, le Professeur interroge une quatrième fois : *Louis ! que fait Pierre ?*
R. Pierre cherche des livres.

(On devra renouveler les questions toute la leçon.)

EXERCICES

I

Le Professeur fait exécuter les actions suivantes :

Jean ! cache un cahier et un livre.
Paul ! jette un ballon et un palet.
Louis ! cherche le cahier et le livre.
Jules ! ramasse le ballon et le palet.
René ! cache une raquette et des toupies.
Pierre ! jette des balles et des billes.
Camille ! cherche la raquette et les toupies.
Philippe ! ramasse les balles et les billes.
    Etc.

Questions à poser : *Jules! qui cache un cahier et un livre? — Louis! qu'est-ce que Jean cache ? — Jean! qui cache un cahier et un livre ? — Paul! que fait Jean? — Camille! que fait Paul? — Philippe! qui jette un ballon et un palet? — Pierre! que fait René? — Louis! qui ramasse le ballon et le palet? — Pierre! qui ramasse les balles et les billes? etc...*

II

Le Professeur fait rendre compte de deux actions exécutées par deux élèves :

> Jean! cache un livre et une règle.
> Paul! cache un palet. — Pierre! cache un boulet.
> Jules! cherche le boulet. — Louis! cherche le palet.
> Jean! jette une balle et une bille.
> René! jette une plume. — Camille! jette une règle.
> Pierre! ramasse la règle. — Jean! ramasse la plume.
> Jules! cache une éponge et une toupie.

Questions à poser : *Paul! qui cache un livre et une règle ? — Jules! qui cache un palet et un boulet? — Pierre! que fait Jules et que fait Louis? — Jean! qui cache une éponge et une toupie? — Jean! qui cherche le boulet et le palet? — René! qui jette une balle et une bille ? — René! qui ramasse la règle et la plume? — Louis! que fait René? — Jules! qui cache une éponge et une toupie? etc...*

III

Mettre — avant le nom — l'article et l'adjectif convenables :

Jean jette	balle	et.	toupies.
Paul ramasse.	balle	et.	toupies.
Louis jette.	raquette	et.	palets.
Jules jette	livres	et.	volant.
Pierre ramasse.	palets	et.	raquette.
Camille ramasse.	volants	et.	livres.
René cache	cahiers	et.	baguette.
Jules cache.	mouchoirs	et.	ardoise.
Philippe cherche.	baguette	et.	cahiers.
Louis cherche	ardoise	et.	mouchoirs.

IV

Composer une ou plusieurs phrases à l'aide des expressions suivantes :

Un ballon. — Jeter. — Des chaussons. — Camille. — Salir. — Une balle et des billes. — Des ballons et des toupies. — Chercher. — Des jarretières. — Un porte-plume. — La règle. — Des manteaux. — Un palet.

Exemple : *Pierre jette un ballon.*

V

Compléter les phrases suivantes par l'emploi d'un verbe convenable :

Camille . . . . un paletot.
Jules. . . . . un ballon.
Louis . . . . des porte-plumes.
Paul. . . . . une baguette.
Philippe. . . . . le chapeau.
Monsieur X . . . . une éponge.
Jean. . . . . des règles et une toupie.
Jules. . . . . l'ardoise.
Louis . . . . des carafes.
Pierre. . . . . une blouse.
    Etc.

VI

Donner au même verbe plusieurs compléments :

Philippe brosse	—	—	—
René jette	—	—	—
Camille cache	—	—	—
Pierre ramasse	—	—	—
Jules cherche	—	—	—
Louis salit	—	—	—
Jean montre	—	—	—
Paul cherche	—	—	—
Etc.			

RÉCAPITULATION

I

Le Professeur donne successivement plusieurs ordres au même élève :

Jean !   touche Pierre.   Paul !   frappe Louis.
         touche Monsieur X.   frappe la table.
         touche le bureau.   frappe Monsieur X.

Louis ! regarde le crucifix.   Jules ! montre le mur.
         regarde Jean.   montre la porte.
         regarde Monsieur X.   montre Pierre.

Pierre ! prends du papier.   Camille ! gratte la table.
         prends du pain.   gratte la chaise.
         prends un couteau.   gratte le banc.
                Etc.   Etc.

Questions à poser : *Louis ! que fait Jean ? — Jean ! que fait Paul ? — Paul ! que fait Louis ? — Louis ! qui regarde Jean, le crucifix et Monsieur X. ? — — Jean ! que fait Pierre ? — Pierre ! qu'est-ce que Camille gratte ? — Camille ! qui gratte la table, la chaise et le banc ? etc.*

II

Même exercice que le précédent, sans répétition du verbe. — Emploi de la conjonction.

Paul ! montre René et Pierre.
Louis ! montre un képi et une casquette.
Jean ! montre une jarretière, de la craie et un crayon.
Pierre ! prends une assiette et un plat.
Camille ! touche la chaise, une bouteille et le bureau.
René ! prends des règles et des livres.
Louis ! salue le crucifix et Monsieur X.

Questions à poser : *Jean ! que fait Paul ? — Paul ! que fait Louis ? — Louis ! que montre Jean ? — Pierre ! qui prend une assiette et un plat ? — René ! que fait Camille ? etc.*

III

Le Professeur fait rendre compte de deux actions exécutées, soit par le même, soit par deux sujets différents :

> Jean ! prends un mouchoir. — Paul ! prends un encrier.
> Louis ! cache une raquette. — Louis ! cache des toupies.
> Camille ! gratte le pupitre. — Camille ! gratte le mur.
> Pierre ! jette du papier. — Pierre ! jette un crayon.
> Jules ! salis un manteau. — Louis ! salis la table.
> Jean ! brosse un paletot. — Jean brosse un chapeau.

Questions à poser : *Jean ! que fait Paul? — Paul ! que fait Jean? — Louis ! qui prend un mouchoir et un encrier? — Pierre ! qui cache une raquette et des toupies? — Louis ! qui gratte le pupitre et le mur? — Jules ! qu'est-ce que Jean brosse? Jean ! qui salit le manteau et la table? etc.*

(Multiplier ordres et questions selon le besoin des élèves.)

IV

Donner plusieurs compléments au même verbe (varier genre et nombre) :

Jean montre	—	—	—
Paul prend	—	—	—
Louis ramasse	—	—	—
Jules touche	—	—	—
Pierre gratte	—	—	—
René regarde	—	—	—
Camille salue	—	—	—
Philippe cache	—	—	—
Pierre brosse	—	—	—
Jules montre	—	—	—
Paul cherche	—	—	—

V

Composer une ou plusieurs phrases à l'aide des expressions suivantes :

Un cahier. — Le plancher. — Un livre et une plume. — Brosser. — Un képi et une ceinture. — Prendre. — Saluer. — Le mouchoir et les billes. — Louis et Jules. — Une balle. — Des carafes, etc.

Exemple : *Camille cache un cahier.*

VI

Mettre — avant le nom — l'article et l'adjectif convenables :

Jules montre. . . . . pantalon et . . . . casquette.
Camille touche. . . . . . . bouteille et . . . . verres.
Louis touche. . . . . bureau et . . . . poêle.
René prend . . . . ceinture et . . . . . . plumes.
Jean ramasse. . . . . éponges et . . . . craie.
Paul cache. . . . . papier et . . . . balle.
Pierre salit. . . . . veste et . . . . chapeaux.
Philippe cherche. . . . . encrier et . . . . . . ardoise.

VII

Compléter les phrases suivantes par l'emploi d'un verbe convenable :

Camille. . . , ... une ceinture.
Paul . . . . la porte.
Louis. . . . . Jules et Camille.
Pierre . . . . la fenêtre.
Jean. . . . . une plume et un crayon.
Jules . . . . des souliers et un veston.
Philippe . . . . un livre et des cahiers.
René. . . . . Paul.
Pierre . . . . une bouteille.
Jean . . . . le plancher et le mur.

VII

Le Professeur exécute lui-même quelques actions et en demande le compte rendu.

LECTURE

Les élèves écriront la lecture suivante sous la dictée du Professeur :

Jean jette une toupie. Louis jette des balles. Pierre jette des billes. Jules ramasse la toupie et les billes. Louis cache des porte-plumes et des boulets. Paul brosse des chaussons et des sabots. René cherche une casquette et des cahiers. Qui cache un couteau et des palets? C'est Paul. Qui salit un paletot? C'est Philippe.

QUATRIÈME LEÇON

ADJECTIF DÉMONSTRATIF. — Emploi du pronom personnel IL

Masculin : *Ce, cet.*	**Féminin :** *Cette*
Jean ! montre *ce* pot à eau.	Paul ! montre *cette* serviette.
Jean ! montre *ce* savon.	Paul ! montre *cette* couverture.
Jean ! montre *ce* rideau.	Paul ! montre *cette* cuvette.
Jean ! montre *ce* miroir.	Paul ! montre *cette* glace.
Jean ! montre *ce* rasoir.	Paul ! montre *cette* savonnette.
Jean ! montre *cet* étui.	Paul ! montre *cette* brosse.

Remarques. — 1° Pour donner aux élèves l'intelligence de l'adjectif démonstratif, le Professeur devra se procurer *en double* la plupart des objets dont il veut enseigner le nom, de façon à faire comprendre que les adjectifs *ce, cette*, désignent l'un plutôt que l'autre.

2° La série des six ordres est donnée — *avec le même verbe* — au même *élève* — et, successivement, à tous les élèves de la classe.

Louis ! touche *ce* mur.	René ! touche *cette* fenêtre.
Louis ! touche *ce* bureau.	René ! touche *cette* table.
Louis ! touche *ce* banc.	René ! touche *cette* porte.
Louis ! touche *ce* tableau.	René ! touche *cette* sonnette.
Louis ! touche *cet* encrier.	René ! touche *cette* lampe.

Après chaque action, le Professeur pose la question : *Que fait Jean ?* Les réponses, exprimées *de vive voix* d'abord, sont écrites sur le tableau noir :

> *Jean* montre ce pot à eau.
> *Jean* montre ce savon.
> *Jean* montre ce rideau.
> *Jean* montre ce miroir, etc.

et faisant remarquer la ressemblance des sujets, le Professeur laisse le premier nom propre et remplace tous les autres par le pronom *Il.*

Nota. — *Le même exercice devra se renouveler toute la leçon, à moins que les élèves n'appliquent d'eux-mêmes le pronom après les premières explications.*

EXERCICES

I

Le Professeur donne successivement plusieurs ordres au même élève :

Jean! touche ce bureau — touche ce paletot.
Paul! montre ce cahier — montre ce ballon.
Louis! montre cette casquette — montre cette blouse.
René! regarde cette lampe — regarde cet encrier.
Jules! prends ce miroir — montre cette savonnette.
Pierre! touche cette couverture — prends ce rasoir.

Questions à poser : *Paul! que fait Jean? — Jean! que fait Paul? — René! qui montre ce cahier et ce ballon? — Jules! que fait René? — Pierre! que fait Jules? — Louis! que fait Jean et que fait Jules? — Jean! qui prend ce miroir et qui regarde cet encrier?* etc.

En réponse à ces questions, les élèves devront employer le pronom *Il* pour sujet de leurs petites phrases.

II

Donner à chacun des verbes suivants plusieurs compléments et composer deux phrases sur chaque verbe en employant le pronom IL pour sujet de la seconde :

Montrer. — Jeter. — Toucher. — Cacher. — Brosser. — Ramasser. — Salir. — Chercher. — Prendre. — Gratter.

III

Mettre — avant le nom — l'adjectif démonstratif convenable :

Louis prend . . . . règle   et . . . . . . chapeau.
Jules prend . . . . miroir   et . . . . . . sonnette.
Paul prend. . . . . bouteille et . . . . . . carafe.

Jean prend.	jarretière	et.	porte-monnaie.
René prend	képi	et.	ballon.
Philippe prend.	soupière	et.	cuvette.
Camille prend	éponge	et.	raquette.
Pierre prend.	cahier	et.	manteau.

IV

Le Professeur exécute plusieurs actions dont il fait rendre compte :

Que fait Monsieur X? — *Il salit ce manteau — il brosse ce paletot — il ramasse ce cahier*, etc.

LECTURE

Les élèves écrivent la lecture suivante sous la dictée du Professeur :

Jean montre ce tableau, il brosse ce pantalon. Pierre frappe Jules, il regarde Louis. Paul prend cette bouteille, il ramasse cette savonnette. René touche ce rasoir, il cache cette serviette. Qui touche cette lampe? C'est Camille. Qui brosse ce manteau? C'est Philippe.

CINQUIÈME LEÇON

ADJECTIF DÉMONSTRATIF. — Emploi du pronom IL

OUVRIR, FERMER, SECOUER, SUSPENDRE

Masculin pluriel : *Ces*	**Féminin pluriel :** *Ces*
Jean ! ouvre ces cahiers.	Paul ! ferme ces portes.
Jean ! ouvre ces porte-monnaie.	Paul ! ferme ces fenêtres.
Jean ! ouvre ces encriers.	Paul ! ferme ces boîtes.
Jean ! ouvre ces livres.	Paul ! ferme ces enveloppes.
Jean ! ouvre ces pupitres.	Paul ! ferme ces armoires.
Louis ! secoue ces pantalons.	René ! suspends ces blouses.
Louis ! secoue ces bérets.	René ! suspends ces casquettes.

Louis ! secoue ces bas.
Louis ! secoue ces gilets.
Louis ! secoue ces manteaux.

René ! suspends ces bottes.
René ! suspends ces vestes.
René ! suspends ces cravates.

Chaque série des ordres ci-dessus est donnée — avec le même verbe — au même élève, — et successivement, à tous les élèves de la classe qui doivent répondre aux questions suivantes : *Que fait René? — Que fait Louis? — Qui ouvre ces encriers? — Qui ferme ces portes? — ces fenêtres? — Qu'est-ce que René suspend?* etc.

EXERCICES

I

Application des deux leçons précédentes :

Jean ! ouvre ces livres.
Paul ! ouvre ces boîtes.
Louis ! ouvre cette fenêtre.
Jules ! ouvre ce pupitre.

Pierre ! ouvre cette porte.
Camille ! ouvre ce couteau.
René ! ouvre ce canif.
Philippe ! ouvre ce rasoir.

Jean ! ouvre ce livre et cet encrier.
Paul ! ouvre ce poêle et cette malle.
Louis ! ouvre ce sac et cette serviette (de bureau).
Jules ! ouvre cette boîte et cette tabatière.
Pierre ! ouvre ce rideau et cette fenêtre.
Camille ! ouvre ce porte-monnaie et cette lettre.
René ! ouvre ce paquet et ce tiroir.
Philippe ! ouvre ce pupitre et ces paniers.

Questions : *Paul! qui ouvre ces livres? — Louis! que fait Jean? — Jules! qu'est-ce que Paul ouvre? — Camille! qui ouvre ce poêle et cette malle? — René! qui ouvre ce sac et ce pupitre?* — R. : Louis ouvre ce sac et Philippe ouvre ce pupitre.

Mêmes exercices avec le verbe FERMER.

II

Extension de la nomenclature :

Jean ! secoue cette descente de lit.
Paul ! secoue ce traversin.
Louis ! secoue ce drap.

Jules! secoue cette couverture.
Pierre! secoue ce couvre-pieds.
Camille! secoue cet oreiller.
René! secoue ce rideau.
Philippe! secoue cet édredon.
Louis! montre le traversin et le rideau.
Paul! prends le drap et l'édredon.
Jules! ramasse le couvre-pieds et la descente de lit.
René! cache l'oreiller, etc., etc.

Exercices analogues pour SUSPENDRE.

Questions : *Jean! qui secoue le traversin? — le rideau? — la couverture? — Paul! qui ramasse le couvre-pieds? — qui prend le drap? — Louis! qui secoue cet oreiller et ce traversin? — René! qui montre le traversin et le rideau?* etc...

III

Récapitulation des deux premiers exercices :

Jean! ouvre les mains, ouvre la bouche.
Paul! ferme les yeux et ouvre la bouche.
Louis! ouvre les mains et ferme les yeux.
Jules! ferme les yeux et la bouche.
Pierre! ferme les mains et les yeux.
Camille! ouvre ce paquet et secoue cette couverture.
René! suspends ce traversin et cet oreiller.
Philippe! secoue le rideau, ouvre la porte et ferme les yeux.

Questions : *Paul! qui ouvre les mains? — Jean! qui ferme les yeux et la bouche? — Pierre! que fait René? — Jules! que fait Camille? — Louis! qu'est-ce que Philippe secoue?* etc.

IV

Compléter les phrases suivantes :

Jean	la porte	et . . .	la couverture.
Paul.	le traversin	et . . .	les yeux.
Louis	la fenêtre	et . . .	le paquet.
Jules.	l'oreiller	et . . .	la descente de lit.
Pierre	les mains	et . . .	le couvre-pieds.

René. . . . .   le drap   et . . .   la bouche.
Camille . . . .   l'édredon   et . . .   les mains.
Philippe. . . . .   le pupitre et . . .   le rideau.

V

Donner plusieurs compléments au verbe :

Jean ouvre   —   —   —   —
Louis suspend   —   —   —   —
Paul secoue   —   —   —   —
Jules ferme   —   —   —   —
Pierre ramasse   —   —   —   —
René salit   —   —   —   —
Camille brosse   —   —   —   —
Philippe jette   —   —   —   —

VI

Associer plusieurs verbes au même nom :

Exemple : Un drap. — *Jean secoue un drap — il suspend un drap — il ramasse un drap.*

Un cahier. — Une porte. — Un manteau. — Une baguette. — Un banc. — Du papier. — Jules. — René, etc.

LECTURE

Les élèves écriront la lecture suivante sous la dictée du Professeur :

Paul ouvre ces portes et cette fenêtre, il ferme ce pupitre. Louis brosse ces souliers, il secoue ces draps. Jules ferme les mains, il ouvre cette tabatière. Pierre jette ce porte-plume, il cache ce livre. René suspend ce manteau, il ouvre ces paniers. Qui secoue ce couvre-pieds et cette couverture? C'est Camille.

SIXIÈME LEÇON

ADJECTIF POSSESSIF

PINCER, TIRER, MORDRE

Masculin singulier : *Mon, ton.*　　　　**Féminin singulier :** *Ma, ta.*

Jean ! tire *mon* bras.	Jean ! touche *ma* tête.
Paul ! tire *mon* bras.	Paul ! touche *ma* tête.
Louis ! tire *mon* bras.	Louis ! touche *ma* tête.
René ! tire *mon* bras.	René ! touche *ma* tête.
Jules ! tire *mon* bras.	Jules ! touche *ma* tête.

Chaque élève de la classe est invité à exécuter la même action.

Jean ! pince *ton* nez.	Jean ! mords *ta* main.
Paul ! pince *ton* nez.	Paul ! mords *ta* main.
Louis ! pince *ton* nez.	Louis ! mords *ta* main.
René ! pince *ton* nez.	René ! mords *ta* main.
Jules ! pince *ton* nez.	Jules ! mords *ta* main.
Etc.	Etc.

Masculin pluriel : *Mes, tes.*　　　　**Féminin pluriel :** *Mes, tes.*

Jean ! montre *mes* cheveux.	Jean ! touche *mes* oreilles.
Paul ! montre *mes* cheveux.	Paul ! touche *mes* oreilles.
Louis ! montre *mes* cheveux.	Louis ! touche *mes* oreilles.
René ! montre *mes* cheveux.	René ! touche *mes* oreilles.
Etc.	Etc.

Jean ! montre *tes* doigts.	Jean ! montre *tes* mains.
Paul ! montre *tes* doigts.	Paul ! montre *tes* mains.
Louis ! montre *tes* doigts.	Louis ! montre *tes* mains.
René ! montre *tes* doigts.	René ! montre *tes* mains.
Etc.	Etc.

EXERCICES

I

Application de l'adjectif possessif au masculin et au féminin singulier :

Jean ! touche ma tête — touche ta tête.
Paul ! touche ma main — touche ta main.
Louis ! touche mon bras — touche ton bras.
René ! touche mon front — touche ton front.
Philippe ! touche mon menton — touche ton menton.
Jules ! touche mon pied — touche ton pied.

Les questions : *Qui touche ma tête ? — Qui touche mon bras ? — mon front ? — mon menton ? — Qui touche ton menton ? — ta main ? — ton pied,* etc... devront être transcrites au tableau noir après avoir été adressées de vive voix, —afin de mieux graver dans la mémoire des élèves les noms nouveaux enseignés dans cet exercice.

II

Application de l'adjectif possessif au masculin et au féminin pluriel :

Jean ! prends tes livres — touche mes cheveux.
Paul ! montre tes dents — prends mes cahiers.
Louis ! tire mes bras — mords tes mains.
René ! touche tes yeux — brosse mes souliers.
Philippe ! tire tes cheveux — touche tes pieds.
Jules ! ramasse mes clefs — pince tes oreilles.
Etc.   Etc.

III

Le Professeur donne successivement plusieurs ordres au même élève :

Jean !   cache mon mouchoir.   Paul !   ramasse mon crayon.
jette ton couteau.   secoue mon manteau.
touche mon chapeau.   secoue ton mouchoir.

Louis! regarde ton cahier.   Jules! montre ton chapelet.
        regarde mon cahier.   salis ta blouse.
        brosse ta casquette.   gratte tes mains.

René!   montre ta casquette.   Pierre! tire tes cheveux.
        montre tes oreilles.   tire mon bras.
        montre ton ardoise.   tire mes souliers.

Camille! cache mon encrier.   Philippe! prends ma règle.
         cache ma montre.   prends tes livres.
         cache mon porte-plume.   prends tes sabots.

LECTURE

Les élèves écriront la lecture suivante sous la dictée du Professeur :

Jules touche ma main. Louis tire mon bras. René pince mon nez.
Pierre brosse ma tête. Paul tire ma blouse et mes oreilles. Camille
prend ton ardoise et tes cahiers. Philippe cache mon porte-monnaie et ton porte-plume. Jean brosse mes cheveux et mes souliers.

SEPTIÈME LEÇON

ADJECTIF POSSESSIF (suite)

Masculin singulier : *Son.*

Jean! montre *le* pantalon *de René*.
Jean! montre *le* gilet *de René*.
Jean! montre *le* paletot *de René*.
Jean! montre *le* mouchoir *de René*.
Jean! montre *le* chapeau *de René*.

Féminin singulier : *Sa*.

Paul ! montre *la* blouse *de Louis*.
Paul ! montre *la* casquette *de Louis*.
Paul ! montre *la* veste *de Louis*.
Paul ! montre *la* cravate *de Louis*.
Paul ! montre *la* ceinture *de Louis*.

Chaque série des ordres ci-dessus est donnée au même élève et, successivement, à tous les élèves de la classe. Après la conversation orale qui doit suivre chaque ordre exécuté, le Professeur écrit au tableau noir la question suivante : *Que fait Jean ?* ou *que fait Paul ?* et il fait transcrire la réponse : Jean montre le pantalon *de René*, le gilet *de René*, le paletot *de René*, le mouchoir *de René*, etc... et il emploie pour l'enseignement de l'adjectif possessif *son* ou *sa* le même procédé que pour le pronom *il*.

Cet exercice servira de préparation à la leçon suivante :

Masculin pluriel : *Ses*.

Pierre ! montre *les* cheveux *de Louis*.
montre *ses* yeux.

Pierre ! montre *les* doigts *de Jules*.
montre *ses* pieds.

Pierre ! montre *les* pieds *de Paul*.
montre *ses* cheveux.

Féminin pluriel : *Ses*.

Louis ! touche *les* jambes *de Jules*.
touche *ses* oreilles.

Louis ! touche *les* oreilles *de Pierre*.
touche *ses* mains.

Louis ! montre *les* joues *de Paul*.
montre *ses* jambes.

A tour de rôle, tous les élèves de la classe doivent exécuter les ordres ci-dessus.

—————

EXERCICES

I

Le Professeur donne successivement plusieurs ordres au même élève sans faire rendre compte :

Jean !　tire le paletot de René.　　Paul !　prends la casquette de Louis.
　　salis sa blouse.　　　　　　　　　prends ses sabots.
　　brosse son gilet.　　　　　　　　prends sa règle.

Louis !　ouvre le livre de Jules.　　Jules !　touche la tête de Pierre.
　　ouvre son cahier.　　　　　　　montre ses yeux.
　　cache son ardoise.　　　　　　jette son crayon.

René !　pince le menton de Paul.　　Pierre !　brosse la casquette de Jean.
　　pince sa main.　　　　　　　　brosse ses cheveux.
　　tire ses cheveux.　　　　　　　touche ses oreilles.

Camille !　mords le crayon de René.　　Philippe !　montre le mouchoir de Louis.
　　mords sa casquette.　　　　　　montre sa cravate.
　　mords son porte-plume.　　　　tire sa blouse.

II

Même exercice que le premier, avec compte rendu de l'action exécutée :

Jean !　montre la cravate de Pierre.　　Paul !　jette le couteau de Jean.
　　montre la blouse de Pierre.　　　　jette la casquette de Jean.

Louis !　cache tes livres.　　　　　　Pierre !　brosse ton chapeau.
Paul !　cache les livres de Louis.　　Jules !　brosse ta casquette.

René !　ramasse mon couteau.　　　Philippe !　tire les oreilles de Jean.
Camille !　ramasse ton mouchoir.　　Jean !　tire mes bras.

Questions à poser : *Paul ! que fait Jean ? — Jean ! que fait Paul ? — Louis ! qui cache mes livres ? — Louis ! qui cherche mes livres ? — Paul ! que fait Louis ? — Jean ! que fait Philippe ? — Jean ! qui tire mes bras ? — Jules ! que fait Pierre ? — Pierre ! qui ramasse sa casquette ?* etc...

On peut multiplier exercices et questions.

III

Le Professeur fait rendre compte de deux actions différentes exécutées par le même élève.

René ! cache *ton* mouchoir, prends *la casquette de Louis.*

Questions : *Louis ! que fait René ?* — R. Il cache *son* mouchoir et il prend *ma* casquette.

Louis ! cherche le mouchoir de René, prends ta casquette.
René ! que fait Louis ?

Camille ! tire tes bras, secoue le mouchoir de Pierre.
Pierre ! que fait Camille ?

Paul ! pince la main de Jean, tire ses cheveux.
Jean ! que fait Paul ?

Pierre ! suspends mon manteau, brosse ton chapeau.
Paul ! que fait Pierre ?
Etc... etc...

IV

Composer une ou plusieurs phrases à l'aide des expressions suivantes et employer les adjectifs possessifs :

Ardoise — porte-plume — porte-monnaie et tabatière — cheveux — serviette — drap — cuillère — blouse — règle — couteau — mains, etc...

Exemple : *René cache son ardoise — il prend l'ardoise de Paul.*

V

Le Professeur exécute ou fait exécuter, sans donner d'ordre apparent, des actions dont il demande le compte rendu.

LECTURE

Les élèves écriront la lecture suivante sous la dictée du Professeur :

René entre, il salue Monsieur X..., il prend une chaise, il ouvre son livre et il étudie.

Louis s'en va, il ouvre le placard, il prend ses souliers, il brosse ses souliers et ses sabots, il brosse son pantalon et il vient ici.

Jules montre le gilet de René et la tête de Camille, il cache mon chapeau, il cherche tes livres, il jette sa casquette et il ramasse ton canif.

HUITIÈME LEÇON

PRONOMS PERSONNELS

JE, TU, IL.

RENVERSER, RELEVER

Jean! renverse une bougie.

> *Jean! que fais-tu?* *Je* renverse une bougie.

Paul! renverse une bougie.

> *Paul! que fais-tu?* *Je* renverse une bougie.

Louis! renverse une bougie.

> *Louis! que fais-tu? Je* renverse une bougie.

René! renverse une bougie.

> *René! que fais-tu? Je* renverse une bougie.

Ce même exercice sera répété par tous les élèves et appliqué à d'autres noms, comme renverser *un chandelier, une lanterne, un bougeoir, une lampe,* etc... Le Professeur devra exiger la rapidité dans l'exécution des ordres et le compte rendu des actions.

Le Professeur exécute lui-même les actions indiquées plus haut et pose les questions suivantes :

Jules! qui renverse un chandelier? R. C'est toi.
Jules! qu'est-ce que je fais?   R. *Tu* renverses un chandelier.
Camille! qui renverse une lanterne? R. C'est toi.
Camille! qu'est-ce que je fais?   R. *Tu* renverses une lanterne.
Philippe! qui renverse un bougeoir? R. C'est toi.
Jules! qu'est-ce que je fais?   R. *Tu* renverses un bougeoir.

Les élèves sont tous interrogés à tour de rôle :

Jean! relève la bougie.

> *Louis! que fait Jean?* R. *Il* relève la bougie.

Paul ! relève la lanterne.

   Pierre! que fait Paul? R. *Il* relève la lanterne.

René ! relève le bougeoir.

   Jules! que fait René? R. *Il* relève le bougeoir.

EXERCICES

I

Modèles de conjugaisons :

Je marche.   Je dessine.
Tu marches.   Tu dessines.
Il marche.   Il dessine.

Je touche Louis.   Je secoue un mouchoir.
Tu touches Louis.   Tu secoues un mouchoir.
Il touche Louis.   Il secoue un mouchoir.

II

Récapitulation de la leçon :

Jean ! renverse une bouteille. Jules ! relève la bouteille.
Paul ! renverse une carafe.   Pierre ! relève la carafe.
Louis ! renverse une soupière. Camille ! relève la soupière.
René ! renverse des pots.   Philippe ! relève les pots.

Questions à poser : *Louis! que fait Jean? — Jean! qui renverse la bouteille? — Jean! que fais-tu? — Jean! qu'est-ce que tu renverses? — Jean! que fait Louis? — Louis! que fais-tu? — Paul! qui renverse la carafe et qui relève la soupière? — Paul! que fais-tu?* etc...

III

Pour faire employer le pronom de la 2ᵉ personne, le Professeur exécute des actions dont il demande le compte rendu.

IV

Emploi du pronom personnel sujet avec l'adjectif possessif :

Paul ! prends ton ardoise.
Paul ! que fais-tu ?
Paul ! prends mon livre.
Paul ! que fais-tu ?
Paul ! prends le porte-plume de Louis.
Paul ! prends la règle de Louis.
Paul ! que fais-tu ?
Paul ! ouvre ton livre et mon bureau.
Paul ! que fais-tu ?
Paul ! brosse mes souliers et tes sabots.
Paul ! que fais-tu ?
Etc...

Chaque élève est invité à faire des exercices analogues.

Il ne sera pas difficile au Professeur d'enseigner à ses élèves l'expression : *C'est lui*, comme il a occasionnellement enseigné les expressions : *C'est moi, c'est toi*. Reprenant les ordres contenus dans le 2° exercice, il adresse les questions suivantes :

Camille ! qui prend son ardoise ?. . . . . C'est *Paul.*
qui prend mon livre ? . . . . C'est *Paul.*
qui prend le porte-plume de Louis et sa règle ?. C'est *Paul.*
qui ouvre son livre et mon bureau ? . . . . C'est *Paul.*
qui brosse mes souliers et ses sabots ? . . . . C'est *Paul.*

Les réponses étant transcrites au tableau noir, le Professeur remplace tous les noms propres, à l'exception du premier, par le pronom *lui*.

V

Conjugaison aux trois personnes du singulier :

Louis ! montre ce savon. — *Louis ! que fais-tu ?* Je montre ce savon.

Le Professeur exécute la même action.

Louis ! qu'est-ce que je fais ? Tu montres ce savon.

Louis ! montre ce savon. — *Paul ! que fait Louis ?* Il montre ce savon.

A l'aide de gravures, le Professeur enseignera le féminin du pronom de la 3ᵉ personne :

Que fait cette fille? Cette fille marche, *elle* court, *elle* saute, *elle* tombe, *elle* embrasse sa maman, etc...

A tour de rôle, tous les élèves de la classe feront des exercices analogues à l'exemple ci-dessous :

Jean! touche le bureau, touche la table, touche le tableau. — Paul! ouvre les mains, ouvre ton livre, etc...

Chaque exercice est suivi de questions comme celles-ci :

Louis! que fais-tu? — Paul! que fait Louis? — Louis! qui montre ce savon? C'est moi. *— Paul! qui montre ce savon?* C'est Louis. *— Paul! qui touche le bureau?* C'est Jean. *— Paul! qui touche la table?* — C'est Jean ou c'est lui. *— Paul! qui touche le tableau?* C'est Jean ou c'est lui, etc...

VI

Conjuguer aux trois personnes du singulier les verbes suivants :

Fermer la porte — regarder l'image — saluer Jules — renverser une chaise — ramasser des billes, etc...

NEUVIÈME LEÇON

AFFIRMATION, NÉGATION

MANGER, BOIRE

Jean! mange une pomme.	Jean! bois du vin.
Paul! mange une poire.	Paul! bois de l'eau.
Louis! mange une figue.	Louis! bois de la bière.
René! mange une cerise.	René! bois du cidre.
Jules! mange une prune.	Jules! bois du café.

**Une fois ces ordres donnés et compris, le Professeur adresse
les questions suivantes :**

Jean ! manges-tu une pomme ?	*Jean ! bois-tu de l'eau ?*
Oui, je mange une pomme.	Non, je ne bois pas d'eau.
Paul ! manges-tu une poire ?	*Paul ! bois-tu du vin ?*
Oui, je mange une poire.	Non, je ne bois pas de vin.
Louis ! Paul mange-t-il une poire ?	*René ! Louis boit-il du café ?*
Oui, il mange une poire.	Non, il ne boit pas de café.
Jules ! Jean mange-t-il une pomme ?	*Jules ! René boit-il de la bière ?*
Oui, il mange une pomme.	Non, il ne boit pas de bière.
Etc...	Etc...

Le Professeur posera également les questions ordinaires :

Que fait Jean ? — Que mange-t-il ? — Qui boit du vin ? etc.

~~~~~~

DIXIÈME LEÇON

PRONOMS PERSONNELS

NOUS, VOUS, ILS

Pour donner aux élèves l'intelligence des pronoms personnels des trois
personnes du pluriel, le Professeur emploiera les procédés de la huitième
leçon.

I. — Nous

Jean ! renverse une chaise.
Paul ! renverse une chaise.

Jean ! que fais-tu ?	Je renverse une chaise.
Paul ! que fais-tu ?	Je renverse une chaise.
Jean ! Paul ! que faites-vous ?	*Nous renversons* une chaise.

Jean ! frappe Louis.
Paul ! frappe Louis.

Jean ! Paul ! que faites-vous ?	*Nous frappons* Louis.
~~~~~~

Louis! Jules! montrez une image.

Louis! Jules! que faites-vous? Nous montrons une image.

Il va sans dire que ces premières réponses doivent être suggérées aux élèves qui ne connaissent ni les pronoms ni les terminaisons du verbe :

II. — **Vous**

Le Professeur exécute ensuite lui-même une action : *il ouvre la porte,* par exemple, et il pose la question suivante :

René! qu'est-ce que je fais? Tu ouvres la porte.

Invitant Louis à faire la même action, il demande :

René! que fait Louis?   Il ouvre la porte.

Puis s'adressant à tous les élèves :

Jean! Louis et moi, que faisons-nous?

Vous ouvrez la porte.

Paul! Louis et moi, que faisons-nous?

Vous ouvrez la porte.

Etc.

III. — **Ils**

Jean! brosse un pantalon.

Louis! que fait Jean! Il brosse un pantalon.

Paul! brosse un pantalon.

Louis! que fait Paul? Il brosse un pantalon.

Louis! que font Jean et Paul?

Jean et Paul brossent un pantalon.

Ils brossent un pantalon.

Jules! regarde le crucifix.

Pierre! regarde le crucifix.

Camille! que font Jules et Pierre?

Ils regardent le crucifix.

Le Professeur devra multiplier les exercices sur chacun des pronoms et se servir de gravures pour l'enseignement du féminin de la 3e personne du pluriel : *Que font ces filles? Elles* courent, *elles* sautent, *elles* portent des paquets, etc..,

IV. — Modèles de conjugaisons

Je saute.	Je cache un livre.	Je tombe.
Tu sautes.	Tu caches un livre.	Tu tombes.
Il (*elle*) saute.	Il (*elle*) cache un livre.	Il (*elle*) tombe.
Nous saut*ons*.	Nous cach*ons* un livre.	Nous tomb*ons*.
Vous saut*ez*.	Vous cach*ez* un livre.	Vous tomb*ez*.
Ils (*elles*) saut*ent*.	Ils (*elles*) cach*ent* un livre.	Ils (*elles*) tomb*ent*.

V. — Conjugaisons appliquées aux adjectifs possessifs.

Je	mon ma mes	*Tu*	ton ta tes	*Il*	son sa ses
Nous	notre nos	*Vous*	votre vos	*Ils*	leur leurs

PREMIÈRE CONJUGAISON

Je brosse *mon* pantalon.	*Je* cire *mes* souliers.
Tu brosses *ton* pantalon.	*Tu* cires *tes* souliers.
Il brosse *son* pantalon.	*Il* cire *ses* souliers.
Nous brossons *notre* pantalon.	*Nous* cirons *nos* souliers.
Vous brossez *votre* pantalon.	*Vous* cirez *vos* souliers.
Ils brossent *leur* pantalon.	*Ils* cirent *leurs* souliers.

DEUXIÈME CONJUGAISON

Je salis *ma* casquette.	*Je* remplis *mes* poches.
Tu salis *ta* casquette..	*Tu* remplis *tes* poches.
Il salit *sa* casquette.	*Il* remplit *ses* poches.
Nous salissons *notre* casquette.	*Nous* remplissons *nos* poches.
Vous salissez *votre* casquette.	*Vous* remplissez *vos* poches.
Ils salissent *leur* casquette.	*Ils* remplissent *leurs* poches.

EXERCICES

I

Récapitulation :

> Jean ! brosse ce pantalon.
> Paul ! brosse cette blouse.
> Jean ! Paul ! brossez ce manteau.
> René ! Jules ! brossez votre casquette.
> Louis ! Jules ! cirez ces souliers.
> Louis ! Pierre ! cirez vos souliers.
> Jean ! René ! ouvrez cette porte.
> Jules ! Louis ! remplissez cette bouteille.
> Camille ! Paul ! remplissez votre encrier.
>   Etc...

Questions à poser : *Jean ! que fait Paul ? — Paul ! que fait Jean ? — Jean ! Paul ! que faites-vous ? — Jean ! Paul ! qui brosse ce manteau ? — Louis ! qui cire ces souliers ? — Louis ! Pierre ! que faites-vous ?* etc.

Remarque. — Pour faire employer le pronom de la 2ᵉ personne du pluriel, le Professeur peut se servir du même exercice. Mais alors les questions devront être posées par les élèves eux-mêmes. Ainsi, Jean demande : *Jules, Paul et moi que faisons-nous ?* et Jules répond : *Vous* brossez ce manteau, etc.

II

Exercice sur les terminaisons du verbe à la 1ʳᵉ et à la 2ᵉ conjugaison :

Les élèves devront composer une phrase complète sur chacun des verbes suivants, *à toutes les personnes* : Marcher — appeler — regarder — salir — toucher — remplir — gratter.

LECTURE

Les élèves écriront la lecture suivante sous la dictée du Professeur :

Je renverse une chaise. Je jette mon chapeau. Je suspends ta blouse. Je secoue ma serviette. Je frappe Paul. Tu regardes la croix. Tu pries et tu dessines. Je montre une soupière. Tu relèves la chaise. Nous ouvrons nos livres et nous fermons nos cahiers. Vous brossez vos souliers. Jules et Pierre brossent leur pantalon.

ONZIÈME LEÇON

ENSEIGNEMENT DU PRÉSENT ET DU PASSÉ

I

Jean ! marche.
Jean ! marche encore.
Jean ! ne marche plus.

Questions à adresser aux élèves :

1° AVANT LE PREMIER ORDRE :

Paul ! maintenant Jean marche-t-il ?
Non, Monsieur, maintenant, il ne marche pas

Paul ! maintenant Louis marche-t-il ?
Non, Monsieur, maintenant, il ne marche pas.

Paul ! maintenant Pierre et Jules marchent-ils ?
Non, Monsieur, maintenant, ils ne marchent pas.

2° PENDANT L'ACTION :

Paul ! maintenant, que fait Jean ?
Maintenant, Jean marche.

Paul ! maintenant, Jean marche-t-il ?
Oui, Monsieur, maintenant, il marche.

3° APRÈS L'ACTION :

Paul ! maintenant, Jean marche-t-il encore ?

> Non, Monsieur, il *ne* marche *plus.*

Paul ! il y a un instant, Jean a-t-il marché ?

> Oui, Monsieur, il y a un instant, Jean *a marché.*

Paul ! il y a un instant, Louis a-t-il marché ?

> Non, Monsieur, il y a un instant, Louis *n'a pas marché.*

Jean ! il y a un instant, qu'as-tu fait ?

> Il y a un instant, j'ai marché.

Jean ! il y a un instant, Pierre et Jules ont-ils marché ?

> Non, Monsieur, il y a un instant, ils *n'ont pas marché.*

Le Professeur emploiera les mêmes procédés dans les exercices suivants :

> Paul !   saute.
> Paul !   saute encore.
> Paul !   ne saute plus.
> Louis ! mange une prune.
> Louis ! mange encore une prune.
> Louis ! ne mange plus de prune.
>   Etc.

Questions : *Louis ! maintenant, que fais-tu ? — Maintenant, manges-tu une poire ? — Pierre et Jean mangent-ils une prune ? — Louis ! il y a un instant, qu'as-tu fait ? — Louis ! il y a un instant, Jules a-t-il mangé une prune ? — Louis ! il y a un instant, qui a mangé une prune ?*

> Louis ! Pierre !   cachez un mouchoir.
> René ! Philippe ! cherchez le mouchoir.
> Camille ! Pierre ! saluez la croix.
> Jean ! Paul !   jetez votre béret.

Aux questions indiquées plus haut, le Professeur ajoutera celles-ci : *Que faites-vous ? — Qu'avez-vous caché ? — Qu'avez-vous cherché ? — Jean et Paul ont-ils salué la croix ? — Qu'avez-vous fait ?* etc. Multiplier ordres et questions.

II

Modèles de conjugaisons

§ I. — VERBES RÉGULIERS

PREMIÈRE CONJUGAISON

Présent

FORME AFFIRMATIVE

Je cache un foulard.
Tu caches un foulard.
Il (*elle*) cache un foulard.
Nous cachons un foulard.
Vous cachez un foulard.
Ils (*elles*) cachent un foulard.

FORME NÉGATIVE

Je *ne* cache *pas* de foulard.
Tu *ne* caches *pas* de foulard.
Il (*elle*) *ne* cache *pas* de foulard.
Nous *ne* cachons *pas* de foulard.
Vous *ne* cachez *pas* de foulard.
Ils (*elles*) *ne* cachent *pas* de foulard.

FORME INTERROGATIVE

Caché-je un foulard ?
Caches-tu un foulard ?
Cache-t-il (*elle*) un foulard ?
Cachons-nous un foulard ?
Cachez-vous un foulard ?
Cachent-ils (*elles*) un foulard ?

Passé

FORME AFFIRMATIVE

J'*ai caché* un foulard.
Tu *as caché* un foulard.
Il (*elle*) *a caché* un foulard.
Nous *avons caché* un foulard.
Vous *avez caché* un foulard.
Ils (*elles*) *ont caché* un foulard.

FORME NÉGATIVE

Je *n'ai pas* caché de foulard.
Tu *n'as pas* caché de foulard.
Il (*elle*) *n'a pas* caché de foulard.
Nous *n'avons pas* caché de foulard.
Vous *n'avez pas* caché de foulard.
Ils (*elles*) *n'ont pas* caché de foulard.

FORME INTERROGATIVE

Ai-je caché un foulard ?
As-tu caché un foulard ?
A-t-il (*elle*) caché un foulard ?
Avons-nous caché un foulard ?
Avez-vous caché un foulard ?
Ont-ils (*elles*) caché un foulard ?

DEUXIÈME CONJUGAISON

Présent

FORME AFFIRMATIVE

Je remplis un verre.
Tu remplis un verre.
Il (*elle*) remplit un verre.
Nous remplissons un verre.
Vous remplissez un verre.
Ils (*elles*) remplissent un verre.

Passé

FORME AFFIRMATIVE

J'ai rempli un verre.
Tu as rempli un verre.
Il (*elle*) a rempli un verre.
Nous avons rempli un verre.
Vous avez rempli un verre.
Ils (*elles*) ont rempli un verre.

<table>
<tr><td>

FORME NÉGATIVE

Je ne remplis pas de verre.
Tu ne remplis pas de verre.
Il (*elle*) ne remplit pas de verre.
Nous ne remplissons pas de verre.
Vous ne remplissez pas de verre.
Ils (*elles*) ne remplissent pas de verre.

</td><td>

FORME NÉGATIVE

Je n'ai pas rempli de verre.
Tu n'as pas rempli de verre.
Il (*elle*) n'a pas rempli de verre.
Nous n'avons pas rempli de verre.
Vous n'avez pas rempli de verre.
Ils (*elles*) n'ont pas rempli de verre.

</td></tr>
<tr><td>

FORME INTERROGATIVE

Remplis-je un verre ?
   (*Est-ce que je.*)
Remplis-tu un verre ?
Remplit-il (*elle*) un verre ?
Remplissons-nous un verre ?
Remplissez-vous un verre ?
Remplissent-ils (*elles*) un verre ?

</td><td>

FORME INTERROGATIVE

Ai-je rempli un verre ?
   (*Est-ce que j'ai.*)
As-tu rempli un verre ?
A-t-il (*elle*) rempli un verre ?
Avons-nous rempli un verre ?
Avez-vous rempli un verre ?
Ont-ils (*elles*) rempli un verre ?

</td></tr>
</table>

§ II. — VERBES IRRÉGULIERS

PREMIÈRE CONJUGAISON

ALLER

<table>
<tr><td>

Présent

Je *vais* à l'étude.
Tu *vas* à l'étude.
Il (*elle*) *va* à l'étude.

Nous *allons* à l'étude.
Vous *allez* à l'étude.
Ils (*elles*) *vont* à l'étude.

</td><td>

Passé

Je *suis allé* à l'étude.
Tu *es allé* à l'étude.
Il *est allé* à l'étude.
   (*Elle est allée.*)
Nous *sommes allés* à l'étude.
Vous *êtes allés* à l'étude.
Ils *sont allés* à l'étude.
   (*Elles sont allées.*)

</td></tr>
</table>

DEUXIÈME CONJUGAISON

COURIR

<table>
<tr><td>

Présent

Je *cours.*
Tu *cours.*
Il (*elle*) *court.*
Nous *courons.*
Vous *courez.*
Ils (*elles*) *courent.*

</td><td>

Passé

J'*ai couru.*
Tu *as couru.*
Il (*elle*) *a couru.*
Nous *avons couru.*
Vous *avez couru.*
Ils (*elles*) *ont couru.*

</td></tr>
</table>

VENIR

Je *viens* de la classe.
Tu *viens* de la classe.
Il (*elle*) *vient* de la classe.

Nous *venons* de la classe.
Vous *venez* de la classe.
Ils (*elles*) *viennent* de la classe.

Je *suis venu* de la classe.
Tu *es venu* de la classe.
Il *est venu* de la classe.
(*Elle est venue.*)
Nous *sommes venus* de la classe.
Vous *êtes venus* de la classe.
Ils *sont venus* de la classe.
(*Elles sont venues.*)

SORTIR

Je *sors* du réfectoire.
Tu *sors* du réfectoire.
Il (*elle*) *sort* du réfectoire.

Nous *sortons* du réfectoire.
Vous *sortez* du réfectoire.
Ils (*elles*) *sortent* du réfectoire.

Je *suis sorti* du réfectoire.
Tu *es sorti* du réfectoire.
Il *est sorti* du réfectoire.
(*Elle est sortie.*)
Nous *sommes sortis* du réfectoire.
Vous *êtes sortis* du réfectoire.
Ils *sont sortis* du réfectoire.
(*Elles sont sorties.*)

OUVRIR

J'*ouvre* la porte.
Tu *ouvres* la porte.
Il (*elle*) *ouvre* la porte.
Nous *ouvrons* la porte.
Vous *ouvrez* la porte.
Ils (*elles*) *ouvrent* la porte.

J'*ai ouvert* la porte.
Tu *as ouvert* la porte.
Il (*elle*) *a ouvert* la porte.
Nous *avons ouvert* la porte.
Vous *avez ouvert* la porte.
Ils (*elles*) *ont ouvert* la porte.

TROISIÈME CONJUGAISON

VOIR

Présent

Je *vois* le professeur.
Tu *vois* le professeur.
Il (*elle*) *voit* le professeur.
Nous *voyons* le professeur.
Vous *voyez* le professeur.
Ils (*elles*) *voient* le professeur.

Passé

J'*ai vu* un lion.
Tu *as vu* un lion.
Il (*elle*) *a vu* un lion.
Nous *avons vu* un lion.
Vous *avez vu* un lion.
Ils (*elles*) *ont vu* un lion.

QUATRIÈME CONJUGAISON

ÉCRIRE

Présent	Passé

J'*écris*.

J'*ai écrit*.

Tu *écris*.

Tu *as écrit*.

Il (*elle*) *écrit*.

Il (*elle*) *a écrit*.

Nous *écrivons*.

Nous *avons écrit*.

Vous *écrivez*.

Vous *avez écrit*.

Ils (*elles*) *écrivent*.

Ils (*elles*) *ont écrit*.

RIRE

Je *ris*.

J'*ai ri*.

Tu *ris*.

Tu *as ri*.

Il (*elle*) *rit*.

Il (*elle*) *a ri*.

Nous *rions*.

Nous *avons ri*.

Vous *riez*.

Vous *avez ri*.

Ils (*elles*) *rient*.

Ils (*elles*) *ont ri*.

PRENDRE

Je *prends* un livre.

J'*ai pris* un cache-nez.

Tu *prends* un livre.

Tu *as pris* un cache-nez.

Il (*elle*) *prend* un livre.

Il (*elle*) *a pris* un cache-nez.

Nous *prenons* un livre.

Nous *avons pris* un cache-nez.

Vous *prenez* un livre.

Vous *avez pris* un cache-nez.

Ils (*elles*) *prennent* un livre.

Ils (*elles*) *ont pris* un cache-nez.

SUSPENDRE

Je *suspends* une blouse.

J'*ai suspendu* un tablier.

Tu *suspends* une blouse.

Tu *as suspendu* un tablier.

Il (*elle*) *suspend* une blouse.

Il (*elle*) *a suspendu* un tablier.

Nous *suspendons* une blouse.

Nous *avons suspendu* un tablier.

Vous *suspendez* une blouse.

Vous *avez suspendu* un tablier.

Ils (*elles*) *suspendent* une blouse.

Ils (*elles*) *ont suspendu* un tablier.

Nota. — La conjugaison des verbes réguliers et irréguliers devra être apprise par cœur par tous les élèves. Elle est indispensable pour les exercices qui suivent.

RÉCAPITULATION

I

Exécution et compte rendu des actions suivantes au présent et au passé :

Jean ! touche ce képi et cette règle.
Paul ! prends cette baguette et ces livres.
Louis ! ferme cet encrier et cette porte.
René ! plie cette serviette et ces mouchoirs.
Pierre ! secoue ces manteaux et ce gilet.
Jules ! ouvre ce porte-monnaie et cette boîte.
Camille ! cache ces verres et cette bouteille.
Philippe ! suspends cette casquette et ces chapeaux.

Questions à poser avant, pendant et après les actions : *Louis ! que fait Jean ? — Jean ! qui a pris la baguette et les livres ? — Paul ! Louis a-t-il touché le képi et la règle ? — Jules ! qu'a fait René ? — Pierre ! maintenant René plie-t-il la serviette et les mouchoirs ? — Jean ! qu'est-ce que Jules a ouvert ? — Camille ! qu'ont fait Jules et Pierre ? — Philippe ! qu'as-tu fait ? — Jules ! maintenant ouvres-tu le porte-monnaie et la boîte ? etc.*

II

Même exercice avec les adjectifs démonstratifs et possessifs

Jean ! jette ce palet, ton crayon et ma règle.
Paul ! renverse ma chaise, ce banc et cette bouteille.
Paul ! Louis ! remplissez cette carafe et mon encrier.
René ! essuie le tableau et ton ardoise.
Camille ! Pierre ! grattez la table et vos cheveux.
Jules ! ouvre mon bureau et mon pupitre.
Philippe ! Jean ! brossez la veste de Louis et sa casquette.
Etc.

Questions : *Jean ! qu'as-tu fait ? — Paul ! qu'a fait Jean ? — Paul ! Louis ! qu'avez-vous fait ? — Jules ! Camille et Pierre ont-ils gratté leurs cheveux ? — Louis ! qui a ouvert mon bureau et mon pupitre ? — Pierre ! est-ce que Philippe et Jean ont brossé la veste de Louis ? etc.*

III

Compléter les phrases suivantes en variant les adjectifs démonstratifs et possessifs avant chacun des compléments :

Jean porte	—	—	—	—
Paul ramasse	—	—	—	—
Louis cherche	—	—	—	—
René a suspendu	—	—	—	—
Pierre a ouvert	—	—	—	—
Jules a sali	—	—	—	—
Camille renverse	—	—	—	—
Philippe secoue	—	—	—	—
Jean gratte	—	—	—	—
Paul a pris	—	—	—	—
Etc.				

IV

Composer une ou deux phrases au présent et au passé à l'aide des expressions suivantes :

Mes cheveux — cette bougie et cette sonnette — ouvrir — ta cuillère et ma fourchette — prendre — mes doigts — ta couverture — fermer — mon verre — la balle.

Examples : *Je brosse mes cheveux — Paul a tiré mes cheveux.*

V

Répondre aux questions suivantes :

Qui jette la balle ? — Qui caresse le chat ? — Qui gratte la terre ? — Qui ramasse les chemises ? — Qui ramasse les assiettes ? — Qui secoue le tapis ? — Qui balaie la chapelle et la salle d'étude ? — Qui essuie les tables du réfectoire ? — Qui lave les assiettes et les casseroles ? — Qui remplit les encriers et les bouteilles, etc., etc.

Jean balaie-t-il le dortoir ? — Louis balaie-t-il l'escalier ? — Balayez-vous la chapelle ? — Est-ce que je brosse vos vêtements ? — Maurice a-t-il ouvert les fenêtres du dortoir ? — Avez-vous mangé de la viande ce matin ? — Jules et Pierre ont-ils ri à la chapelle ? etc.

VI

Dire ce qui est bien ou mal dans les actions suivantes :

Jean a sali sa blouse et son paletot — Paul ne brosse pas ses habits — Louis n'a pas frappé Camille — René a pincé Louis — Pierre a ramassé la casquette de Jean — Jules a caché le porte-plume de Pierre — Camille a brossé le manteau de Monsieur X... — Philippe a renversé l'encrier — Pierre n'a pas salué Monsieur X... — Jules a salué le crucifix, etc.

En transcrivant les phrases ci-dessus sur leur cahier, les élèves ajouteront après chacune d'elles l'appréciation : *C'est bien* ou *C'est mal.*

VII

Conjuguer aux trois formes phraséologiques connues (affirmative, négative, interrogative) **les verbes suivants, au présent et au passé :**

Ouvrir la porte — salir sa blouse — ramasser le linge — prendre des allumettes — essuyer la table, etc.

Si les élèves en sont capables, le Professeur peut demander la variété des compléments à chaque personne du singulier et du pluriel.

LECTURE

Les élèves écriront la lecture suivante sous la dictée du Professeur :

I. Louis a ouvert la porte — Il n'a pas salué Monsieur X... — Il a poussé Jules et René — Il a pincé Jean — Il a renversé son encrier — Il a sali son cahier et ses livres — Il a jeté son porte-plume et son ardoise et il n'a pas étudié — C'est mal.

Petite conversation. — Le Professeur interrogera les élèves à tour de rôle : *Qui a ouvert la porte ? — Louis a-t-il salué Monsieur X...? — Qui a-t-il poussé ? — Qui a-t-il pincé ? — Qu'est-ce qu'il a renversé ? — Qu'a-t-il sali ? — Est-ce qu'il a jeté son porte-plume et son ardoise ? — A-t-il étudié ? — Est-ce bien ?*

II. Jules et René ont balayé la classe — Ils ont ouvert la fenêtre — Ils ont essuyé les tables, les bancs et le bureau — Ils ont ramassé les balayures et ils ont lavé les encriers. — C'est bien.

Petite conversation. — *Qu'ont fait Jules et René ? — Ont-ils fermé la fenêtre ? — Qu'est-ce qu'ils ont essuyé ? — Qu'ont-ils ramassé ? — Qui a lavé les encriers ?*

III. Papa et maman ont mangé de la soupe, du pain, de la viande et des cerises — Ils ont bu du vin et du café — Maman a ramassé la soupière, les assiettes, les verres, les cuillères et les fourchettes — Elle a lavé *la vaisselle* et elle a essuyé la table.

Petite conversation. — *Qui a mangé de la soupe? — Avez-vous mangé des cerises? — Papa et maman ont-ils bu de l'eau ? — Qui a ramassé la soupière et les assiettes ? — Qui a lavé la vaisselle? — Maman a-t-elle essuyé la table?*

~~~~~~

DOUZIÈME LEÇON

I

Enseignement du futur :

Pour enseigner le futur, le Professeur réunit ses élèves, il donne à l'un d'eux un ordre, par exemple : *Jean! marche*, et, l'arrêtant d'un geste, il l'empêche d'exécuter l'action, puis il adresse les questions suivantes :

Louis ! maintenant Jean marche-t-il?
> Non, Monsieur, il ne marche pas.

Louis! il y a un instant, Jean a-t-il marché?
> Non, Monsieur, il n'a pas marché.

Et il ajoute, après avoir ordonné de nouveau à Jean de marcher :

Louis ! que fera Jean ?

Les élèves ne connaissant pas le futur, le Professeur dictera la **réponse** :

> Jean marchera.

Puis le Professeur continuera l'enseignement du futur toujours par le même procédé :

Paul !	frappe Camille.
Jules ! Paul !	frappez Camille.
Pierre !	cache tes livres.
René ! Pierre !	cachez vos livres.
~~~~~~

Camille ! ferme cette porte.

Philippe ! Camille ! fermez cette porte.

Jean ! secoue ce tapis.

Louis ! Jean ! secouez ce tapis.

Aux questions ci-dessus, le Professeur ajoutera celles-ci : *Que ferez-vous?* — *Que feront-ils? — Que ferons-nous? — Paul frappera-t-il Camille? — Jules et Paul frapperont-ils Camille?* etc...

II

Modèles de conjugaisons au Futur

§ I. — VERBES RÉGULIERS

PREMIÈRE CONJUGAISON

FORME AFFIRMATIVE	FORME NÉGATIVE
Je *cacherai* un couteau.	Je ne cacherai pas de couteau.
Tu *cacheras* un couteau.	Tu ne cacheras pas de couteau.
Il (*elle*) *cachera* un couteau.	Il (*elle*) ne cachera pas de couteau.
Nous *cacherons* un couteau.	Nous ne cacherons pas de couteau.
Vous *cacherez* un couteau.	Vous ne cacherez pas de couteau.
Ils (*elles*) *cacheront* un couteau.	Ils (*elles*) ne cacheront pas de couteau.

FORME INTERROGATIVE

Cacherai-je un couteau ?

Cacheras-tu un couteau ?

Cachera-t-il (*elle*) un couteau ?

Cacherons-nous un couteau ?

Cacherez-vous un couteau ?

Cacheront-ils (*elles*) un couteau ?

DEUXIÈME CONJUGAISON

FORME AFFIRMATIVE	FORME NÉGATIVE
Je *remplirai* une bouteille.	Je ne remplirai pas de bouteille.
Tu *rempliras* une bouteille.	Tu ne rempliras pas de bouteille.
Il (*elle*) *remplira* une bouteille.	Il (*elle*) ne remplira pas de bouteille.
Nous *remplirons* une bouteille.	Nous ne remplirons pas de bouteille.
Vous *remplirez* une bouteille.	Vous ne remplirez pas de bouteille.
Ils (*elles*) *rempliront* une bouteille.	Ils (*elles*) ne rempliront pas de bouteille.

FORME INTERROGATIVE

Remplirai-je une bouteille ?
Rempliras-tu une bouteille ?
Remplira-t-il (*elle*) une bouteille ?
Remplirons-nous une bouteille ?
Remplirez-vous une bouteille ?
Rempliront-ils (*elles*) une bouteille ?

§ II. — VERBES IRRÉGULIERS

ALLER

J'*irai* en classe.
Tu *iras* en classe.
Il (*elle*) *ira* en classe.
Nous *irons* en classe.
Vous *irez* en classe.
Ils (*elles*) *iront* en classe.

COURIR

Je *courrai*.
Tu *courras*.
Il (*elle*) *courra*.
Nous *courrons*.
Vous *courrez*.
Ils (*elles*) *courront*.

SORTIR

Je *sortirai* de la chapelle.
Tu *sortiras* de la chapelle.
Il (*elle*) *sortira* de la chapelle.
Nous *sortirons* de la chapelle.
Vous *sortirez* de la chapelle.
Ils (*elles*) *sortiront* de la chapelle.

OUVRIR

J'*ouvrirai* la fenêtre.
Tu *ouvriras* la fenêtre.
Il (*elle*) *ouvrira* la fenêtre.
Nous *ouvrirons* la fenêtre.
Vous *ouvrirez* la fenêtre.
Ils (*elles*) *ouvriront* la fenêtre.

VOIR

Je *verrai* Dieu.
Tu *verras* Dieu.
Il (*elle*) *verra* Dieu.
Nous *verrons* Dieu.
Vous *verrez* Dieu.
Ils (*elles*) *verront* Dieu.

ÉCRIRE

J'*écrirai*.
Tu *écriras*.
Il (*elle*) *écrira*.
Nous *écrirons*.
Vous *écrirez*.
Ils (*elles*) *écriront*.

RIRE

Je *rirai*.
Tu *riras*.
Il (*elle*) *rira*.
Nous *rirons*.
Vous *rirez*.
Ils (*elles*) *riront*.

PRENDRE

Je *prendrai* mon chapeau.
Tu *prendras* ton chapeau.
Il (*elle*) *prendra* son chapeau.
Nous *prendrons* notre chapeau.
Vous *prendrez* votre chapeau.
Ils (*elles*) *prendront* leur chapeau.

SUSPENDRE

Je *suspendrai* ma casquette.
Tu *suspendras* ta casquette.
Il *suspendra* sa casquette.
Nous *suspendrons* nos casquettes.
Vous *suspendrez* vos casquettes.
Ils *suspendront* leurs casquettes.

Nous n'indiquerons aucun exercice pour cette leçon, qui trouvera son application dans les chapitres suivants.

CHAPITRE TROISIÈME

Enseignement des Adverbes
des Prépositions ou Locutions prépositives
les plus usuelles
et du Verbe Pronominal

PREMIÈRE LEÇON

ADVERBES DE MANIÈRE RÉPONDANT A LA QUESTION
COMMENT ?

Lentement, vite — Lourdement, légèrement — En avant, en arrière — Sur un pied, à pieds joints — Bien, mal, etc.

Jean !	marche lentement.	Jean !	marche vite.
Paul !	marche lentement.	Paul !	marche vite.
Louis !	marche lentement.	Louis !	marche vite.
René !	marche lentement.	René !	marche vite.
Etc.		Etc.	
Jean !	marche lourdement.	Jean !	marche légèrement.
Paul !	marche lourdement.	Paul !	marche légèrement.
Louis !	marche lourdement.	Louis !	marche légèrement.
René !	marche lourdement.	René !	marche légèrement.
Etc.		Etc.	

Questions à poser : *René! que fait Jean? — Qui marche lentement? — Comment Jean marche-t-il? — Jean marche-t-il encore? — Tout à l'heure Paul marchera-t-il lourdement? — Il y a un instant, Jean a-t-il marché? — Est-ce que Jean a marché vite? R. Non, Monsieur, il a marché lentement. — Que fera René? — Louis marchera-t-il vite? etc...*

Jean! marche en arrière.

Pierre! marche en arrière.

Louis! Pierre! marchez en arrière.

Louis! Pierre! Jules! marchez en arrière.

Jean! marche en avant.

Paul! marche en avant.

Jean! Paul! marchez en avant.

Jean! Paul! René! marchez en avant.

Questions à poser : *Jean! qu'as-tu fait? — Jean! Paul! que faites-vous? — Jean! Paul! qu'avez-vous fait? — Paul! qui a marché en avant? — Qui marchera en arrière? — Louis et Pierre marcheront-ils en avant? — Comment Louis et Pierre marcheront-ils? — Est-ce que Jean et Paul ont marché en arrière?*

EXERCICES

Dans les exercices suivants, ne pas craindre d'employer de nouvelles expressions adverbiales répondant à la question : Comment?

Sauter sur un pied — sauter à pieds joints — parler à haute voix, à voix basse — respirer faiblement — frapper doucement — marcher à tâtons — écrire bien — écrire mal.

I

Verbes neutres et adverbes de manière :

Jean !	cours légèrement. cours lourdement.	Louis !	va-t'en vite. va-t'en à reculons.
Paul !	souffle faiblement. souffle fortement.	René !	saute sur un pied. saute à pieds joints.
Pierre !	dessine lentement. marche vite.	Jules !	écris bien. écris mal.
Camille !	compte lentement. cours lourdement.	Philippe !	marche à reculons. marche en avant.

Questions à poser avant, pendant et après les actions : *Jean! que feras-tu tout à l'heure? — Louis! que fera Jean tout à l'heure? — Paul! qui soufflera faiblement? — Pierre! Camille comptera-t-il vite? — Camille! comment compteras-tu? — Jean! maintenant que fais-tu? — Paul! que fait Pierre maintenant? — Paul! est-ce que Jean a couru? — Paul! comment Jean a-t-il couru? — Comment Pierre a-t-il dessiné? etc...*

II

Verbes actifs et adverbes de manière :

> Jules !   frappe fortement la table.
>   frappe doucement Camille.
>
> Louis !   tire légèrement les cheveux de Jean
>   ouvre vite la porte.
>
> Pierre !   secoue légèrement le rideau.
>   renverse la chaise *du pied droit*.
>
> René !   renverse le banc *du pied gauche*.
>   mords légèrement ta main.
>
> Camille ! brosse vite le pantalon de Jean.
>   ferme doucement la porte.

Etc... etc...

Questions à poser avant, pendant et après les actions : *Jules! tout à l'heure frapperas-tu fortement la table? — Jules! qu'est-ce que tu frapperas tout à l'heure? — Louis! que fera Jules tout à l'heure? — Louis! comment Jules frappera-t-il la table? — Comment frappera-t-il Camille? etc... — Louis! qu'as-tu fait? — Pierre! comment as-tu secoué le rideau? — Camille! est-ce que Pierre a renversé la chaise du pied droit? etc...*

III

Verbes neutres et actifs employés avec les adverbes de manière :

René ! saute sur un pied et tire fortement le bras de Jean.

Camille ! marche en avant et ramasse vite mon porte-plume.

Pierre ! tout à l'heure, tu tourneras lentement et tu frapperas légèrement Paul.

Philippe ! saute à reculons et ferme lentement le rideau.

Paul ! parle à voix basse et pince faiblement la main de Louis.

Etc... etc...

Le Professeur procédera comme plus haut pour faire rendre compte de ces actions.

En réponse à la question *comment,* il pourra — *quelquefois* — exiger une réponse bien précise et sans phrase, par exemple : R. *Lourdement, du pied droit, en avant, à voix basse,* etc...

IV

Exercice sur les 3 personnes du pluriel :

Jean ! Paul !   courez légèrement.
                   sautez lourdement.
                   soufflez fortement.

Louis ! Jules !   frappez fortement la table.
                   frappez légèrement Louis.
                   fermez doucement la porte.

René ! Pierre ! sautez sur un pied et secouez légèrement le rideau.
                   saluez respectueusement la croix et ouvrez vite un livre.
                   comptez lentement et renversez la chaise du pied droit.

Questions à poser aux élèves à tour de rôle : *Qui courra légèrement? — Qui saute lourdement? — Que feront Louis et Jules? — Louis! Jules! que ferez-vous? — Jean! qu'ont fait Louis et Jules? — Louis! Jules! qu'avez-vous fait? — Pierre! comment Louis et Jules fermeront-ils la porte? — Frapperont-ils Louis?* etc...

Le Professeur exécute lui-même des actions avec ses élèves et il adresse ces questions : *Que ferons-nous? — Que faisons-nous? — Qu'avons-nous fait?* etc.

V

Conjuguer aux 3 temps connus (à *la forme affirmative et négative*) les verbes suivants :

Sauter sur un pied — parler à voix basse — sortir de la classe — secouer légèrement le rideau — ouvrir un pupitre.

DEUXIÈME LEÇON

PRÉPOSITIONS OU LOCUTIONS PRÉPOSITIVES USUELLES :

à, avec, sur, sous, dans, devant, derrière,
entre, avec, près de, loin de, par-dessus, par-dessous, etc. ;

en réponse aux questions :
où, à qui, avec quoi, près de qui? etc.

Jean ! écris *sur* ton cahier.
Paul ! écris *sur* l'ardoise de Pierre.
Louis ! écris *sur* le tableau.
René ! écris *sur* mon bureau.

Jean ! mets ton cahier *sous* la table.
Paul ! mets un livre *sous* ta blouse.

Louis ! donne une image *à* René !
René ! donne un canif *à* Louis.
Etc... etc...

Jean ! marche *devant* le bureau.
Paul ! marche *devant* la fenêtre.
Louis ! marche *devant* le tableau.
René ! marche *devant* moi.
Etc...

Jean ! va *derrière* la porte.
Paul ! va *derrière* le tableau.
Louis ! va *derrière* la porte.
René ! va *derrière* Camille.
Etc..

Jean ! viens *près de* la porte.
Paul ! viens *près du* poêle.
Louis ! viens *près de* Camille.
René ! viens *près de* moi.
Etc...

Jean ! va *loin du* bureau.
Paul ! va *loin de* la porte.
Louis ! va *loin de* Camille.
René ! va *loin de* moi.
Etc...

Jean ! passe *par-dessous* la table.
Paul ! passe *par-dessous* le tableau.
Etc...

Jean ! saute *par-dessus* le banc.
Paul ! saute *par-dessus* ces livres..
          Etc...

Louis, écris sur ton cahier *avec* un crayon.
René ! écris sur le tableau *avec* de la craie.
          Etc...

Louis ! porte la chaise *entre* Paul et Jean.
René ! porte cette lampe *entre* Jules et Pierre.
          Etc...

Après chaque série d'ordres, le Professeur posera les questions suivantes :
*Jean ! que feras-tu ? — Que fais-tu ? — Qu'as-tu fait ? — Où as-tu marché ?
— Louis ! où Jean marchera-t-il ? — Où a-t-il marché ? etc... — Jean ! sur
quoi as-tu écrit ? — Où mets-tu ton cahier ? etc... etc...*

EXERCICES

I

Récapitulation de la leçon aux 3 personnes du singulier :

Jean !   écris sur ton ardoise avec de la craie.
          écris sur le cahier de Paul avec un crayon.
          écris sur le dos de Louis avec un doigt.
          écris sur ces ardoises avec un crayon.

Paul !   mets l'encrier entre une règle et un porte-plume.
          mets ce chapeau entre Louis et René.

Louis !   donne mon manteau à Jules.
          passe par-dessous la table.

Pierre ! viens près de moi.
          va-t'en derrière la porte.
          Etc.. etc...

Questions à poser : *Jean ! qui écrira sur son ardoise ? — Jean ! que feras-
tu ? — Jean ! que fais-tu ? — Jean ! écris-tu encore sur ton ardoise ? — Jean !*

qu'as-tu fait? — Jean! avec quoi as-tu écrit? — Jean! sur quoi as-tu écrit? — Jean! sur quoi écriras-tu avec un doigt? — Louis! qui a écrit sur ton dos? — Louis! où Jean a-t-il écrit? etc...

Le Professeur trouvera dans ces conversations, *parlées ou écrites,* matière à des exercices aussi intéressants que variés. Nous ne faisons que les indiquer.

II

Récapitulation de la leçon aux 3 personnes du pluriel :

> Jean! Paul! marchez sur le banc.
> Louis! René! passez par-dessous la table.
> Camille! Pierre! priez devant le crucifix.
> Jules! Philippe! sautez loin de moi.

Questions : *Jules! qui marche sur le banc? — Jean! Paul! qui a marché sur le banc? — Jean! Paul! qu'avez-vous fait? — Philippe! qu'ont fait Jean et Paul? — Louis! où Jean et Paul ont-ils marché? — Est-ce que Jean et Paul ont sauté? — Jules! où Camille et Pierre ont-ils prié? — Qui passera par-dessous la table?* etc....

Le Professeur exécute avec les élèves des actions dont il demande le compte rendu : *Que ferons-nous? — Qu'avons-nous fait?* etc..

III

Compléter les phrases suivantes par l'emploi des prépositions convenables :

> Jean a caché son mouchoir.... sa blouse.
> Paul a mis sa casquette.... le bureau.
> Louis a porté le banc.... de moi.
> René écrira.... le cahier de Paul... un crayon.
> Pierre a mis son cache-nez.... Louis et Jules.
> Camille sautera.... le banc.
> Jules et Philippe ont passé.... la table.
> Jean donnera son porte-monnaie.... Louis.
> Monsieur X... donnera des bons points.... Jean et... Jules.
>   Etc... etc...

IV

Distinction des trois temps :

Jean *tomber* lourdement et Paul *dessiner* vite sur son ardoise. — *Passé.*
Paul *aller* vite et il *sauter* d'un pied derrière le tableau. — *Futur.*
Louis *venir* lentement et il *tourner* lentement près de Paul. — *Passé.*
René *crier* fortement et Pierre *marcher* à reculons derrière moi. — *Présent.*
Camille *tourner* vite et il *sauter* légèrement loin de Pierre. — *Passé.*
Pierre *sortir* de la classe et il ne *fermer* pas la porte. — *Futur.*
Philippe *entrer* à la chapelle et il ne *prier* pas. — *Passé.*
Etc...

V

Trouver le contraire des locutions adverbiales et prépositives :

Jean tombe *lourdement.*	Jean tombe.....
Paul court *vite.*	Paul court.....
Louis passe *par-dessus* le banc.	Louis passe.....
René vient *lentement.*	René vient.....
Camille porte ses livres *sur* mon pupitre.	Camille porte.....
Jules et Pierre bavardent *loin de* moi.	Jules et Pierre bavardent.....
Louis et René prient *derrière* la porte.	Louis et René prient.....
Paul frappe *doucement* Jean.	Paul frappe.....
Etc...	Etc...

VI

Conjuguer aux trois temps — et s'il se peut, aux trois formes phraséologiques connues — les verbes suivants :

Tomber lourdement — sauter devant le bureau — écrire sur l'ardoise — cacher le foulard sous le banc — venir de la cuisine — prier devant le crucifix.

LECTURE

Les élèves écriront la lecture suivante sous la dictée du Professeur :

I. Louis est sorti de l'étude — il est entré doucement dans la cuisine — il a pris *en cachette* une tasse derrière la porte — il a bu vite une tasse de lait — il a essuyé sa bouche avec son mouchoir et il est venu en classe. — C'est mal.

Petite conversation. — *Qui est sorti de l'étude ? — Où Louis est-il entré ? — Comment est-il entré dans la cuisine ? — Qu'a-t-il pris derrière la porte ? — Comment a-t-il pris cette tasse ? — Où a-t-il pris cette tasse ? — Qu'a-t-il bu en cachette ? — Avec quoi a-t-il essuyé sa bouche ? — Est-ce bien ?*

II. Demain, Monsieur X... surveillera les élèves — nous entrerons en rangs à l'étude — nous prierons respectueusement devant le crucifix — nous étudierons sérieusement nos leçons — nous ne bavarderons pas et nous ne tournerons pas la tête — Louis et Jean écriront leur leçon sur un cahier avec une plume — nous écrirons notre leçon sur notre ardoise avec un crayon — Jules écrira sa leçon sur le tableau avec de la craie — nous sortirons de l'étude et nous irons sur la cour.

Petite conversation. — *Qui surveillera les élèves demain ? — Où Monsieur X... surveillera-t-il les élèves ? — Comment entrerez-vous à l'étude ? — Entrerez-vous à l'étude en désordre ? — Devant quoi prierez-vous ? — Comment prierez-vous ? — Est-ce que vous bavarderez à l'étude ? — Avec quoi Louis et Jules écriront-ils leurs leçons ? — Sur quoi Louis et Jules écriront-ils leurs leçons ? — Qui écrira sa leçon sur le tableau ?*

TROISIÈME LEÇON

VERBES PRONOMINAUX

Jean ! brosse Pierre.　　Paul ! peigne Pierre.　　Louis ! pince Pierre.
　　　brosse Camille.　　　　　peigne Camille.　　　　　pince Camille.
　　　brosse-toi.　　　　　　*peigne-toi.*　　　　　　*pince-toi.*

Jean ! lève-toi.　　　　Jean ! agenouille-toi.　　Jean ! lave-toi.
Paul ! lève-toi.　　　　Paul ! agenouille-toi　　Paul ! lave-toi.
Louis ! lève-toi.　　　Louis ! agenouille-toi.　Louis ! lave-toi.
René ! lève-toi.　　　　René ! agenouille-toi.　René ! lave-toi.
　　　Etc...　　　　　　　　　Etc...　　　　　　　　Etc...

Jean ! essuie-toi.　　　Jean ! mouche-toi.　　　Jean ! assieds-toi.
Paul ! essuie-toi.　　　Paul ! mouche-toi.　　　Paul ! assieds-toi.
Louis ! essuie-toi.　　Louis ! mouche-toi　　　Louis ! assieds-toi.
René ! essuie-toi.　　　René ! mouche-toi.　　　René ! assieds-toi.
　　　Etc...　　　　　　　　　Etc...　　　　　　　　Etc...

EXERCICES

I

Etude de la conjugaison indispensable pour répondre aux questions :

FORME AFFIRMATIVE

Présent	Passé	Futur
Je me lève.	Je me suis levé.	Je me lèverai.
Tu te lèves.	Tu t'es levé.	Tu te lèveras.
Il (*elle*) se lève.	Il s'est levé.	Il (*elle*) se lèvera.
	Elle s'est levée.	
Nous nous levons.	Nous nous sommes levés.	Nous nous lèverons.
Vous vous levez.	Vous vous êtes levés.	Vous vous lèverez.
Ils (*elles*) se lèvent.	Ils se sont levés.	Ils (*elles*) se lèveront.
	Elles se sont levées.	

FORME NÉGATIVE

Présent

Je ne me lave pas.
Tu ne te laves pas.
Il (*elle*) ne se lave pas.

Nous ne nous lavons pas.
Vous ne vous lavez pas.
Ils (*elles*) ne se lavent pas.

Passé

Je ne me suis pas lavé.
Tu ne t'es pas lavé.
Il ne s'est pas lavé.
Elle ne s'est pas lavée.

Nous ne nous sommes pas lavés.
Vous ne vous êtes pas lavés.
Ils ne se sont pas lavés.
Elles ne se sont pas lavées.

Futur

Je ne me laverai pas.
Tu ne te laveras pas.
Il (*elle*) ne se lavera pas.
Nous ne nous laverons pas.
Vous ne vous laverez pas.
Ils (*elles*) ne se laveront pas.

FORME INTERROGATIVE

Me lavé-je?
Est-ce que je me lave?
Te laves-tu?
Se lave-t-il (*elle*)?

Nous lavons-nous?
Vous lavez-vous?
Se lavent-ils (*elles*)?

Me suis-je lavé?

T'es-tu lavé?
S'est-il lavé?
S'est-elle lavée?

Nous sommes-nous lavés?
Vous êtes-vous lavés?
Se sont-ils lavés?
Se sont-elles lavées?

Me laverai-je?

Te laveras-tu?
Se lavera-t-il (*elle*)?

Nous laverons-nous?
Vous laverez-vous?
Se laveront-ils (*elles*)?

II

RÉCAPITULATION

Jean! lève-toi.
Paul! lève-toi.
Louis! lève-toi.
Jean! Paul! Louis! levez-vous.
Etc...

Jean! mouche-toi.
Paul! mouche-toi.
Louis! mouche-toi.
Jean! Paul! Louis! mouchez-vous.
Etc...

Questions à poser : *Jean! que fais-tu? — Jean! que fera Paul? — Jean! te lèveras-tu? — Jean! qu'as-tu fait? — Jean! Paul! Louis! que ferez-vous? — Vous levez-vous? — Vous êtes-vous levés, etc...*

René! agenouille-toi devant le crucifix.
Pierre! agenouille-toi sur le banc.
René! Pierre! agenouillez-vous sur le plancher.
Camille! Jules! agenouillez-vous derrière le tableau.

Paul! lave-toi les mains.
Jules! lave-toi la figure.
Pierre! Louis! lavez-vous la figure et les mains.
Paul! essuie-toi les mains.
Pierre! Louis! essuyez-vous la figure et les mains.

Adresser aux élèves des questions nombreuses et variées comme plus haut.

RÉCAPITULATION

I

Verbes neutres, actifs, pronominaux et adverbes :

Jean! cours légèrement.
Paul! marche à reculons.
Louis! Jules! sautez sur un pied.
René! respire fortement.
Camille! marche à tâtons.
Pierre! agenouille-toi devant le crucifix.
Louis! ouvre doucement la porte.
Philippe! secoue légèrement ton mouchoir.
Jules! brosse-toi près de la fenêtre.
Paul! René! essuyez-vous les mains.
Pierre! frappe-moi.

Questions à poser *avant,* **pendant** *et* **après** **les actions** : *Jean! que feras-tu? — Jean! que fais-tu? — Jean! cours-tu encore? — Jean! qu'as-tu fait?*

— Jean! qui a couru? — Comment as-tu couru? — Louis! qui marchera à reculons? — Jules! est-ce que René sautera sur un pied? — Pierre! qu'ont fait Louis et Jules? — Comment ont-ils sauté? etc...

II

Compléter les phrases suivantes en employant les locutions adverbiales convenables :

Jean a frappé. . . . . la table.
Paul a tiré. . . . . les oreilles de Louis.
Jules a bu . . . . une tasse de lait.
Louis parlera. . . . .
René a fermé. . . . . la porte et la croisée.
Camille secouera. . . . . . . sa blouse.
Jules renversera . . . . le banc.
Philippe ouvrira . . . . son livre.
Louis et Pierre ont ouvert . . . la porte.
Maurice a ramassé. . . . . . . les assiettes.

III

Compléter les phrases suivantes en mettant *au passé* les verbes convenables :

Louis et Jules. . . . . à reculons.
Camille et René. . . . . . . respectueusement Marie.
Je. . . . . légèrement le rideau.
Vous . . . . , ... le banc du pied gauche.
Nous . . . . par-dessus la chaise.
Louis et Jules. . . . . . . sur le cahier de Pierre avec un crayon.
Ils . . . . une image à René.
Jean. . . . . la chaise loin de moi.
Nous . . . . en rangs à la chapelle.
Tu . . . . cette bouteille entre Pierre et Jean.

IV

Trouver le contraire des adverbes renfermés dans la leçon suivante :

Léon a couru *vite* dans la classe.

Maurice a *mal* écrit sur le tableau.

Louis a soufflé *doucement* sur la lampe.

Jules a compté *lentement* ses billes.

Paul a caché l'éponge *derrière* le bureau.

Jean et Paul se sont agenouillés *près de* moi.

Louis et Maurice se sont brossés *devant* la fenêtre.

Nous avons passé *par-dessous* le tableau.

V

Conjuguer aux trois temps — et s'il se peut aux trois formes phraséologiques connues — les verbes suivants :

Courir lourdement — parler à voix basse — secouer légèrement un tapis — passer par-dessous la table — mettre du beurre sur le pain — s'agenouiller sur le banc, etc...

LECTURE

Les élèves écriront la lecture suivante sous la dictée du Professeur :

Joseph s'est levé — il s'est habillé — sa maman a lavé sa figure et ses mains — elle a peigné ses cheveux — Joseph s'est agenouillé sur un banc — il a croisé les bras — il a fait pieusement sa prière près de la cheminée — il a mangé du chocolat — il a embrassé son papa et sa maman et il est allé en classe.

Petite conversation. — *Qu'a fait Joseph, ce matin? — Est-ce qu'il a lavé sa figure et ses mains? — A-t-il peigné ses cheveux? — Qui ne peigne pas ses cheveux? — Qui peigne bien ses cheveux? — Sur quoi Joseph s'est-il agenouillé? — Comment a-t-il fait sa prière? — Qu'a-t-il mangé? — Qui a-t-il embrassé? — Où est-il allé?*

CHAPITRE QUATRIÈME

VERBE *ÊTRE*

————◆————

PREMIÈRE LEÇON

VERBE *ÊTRE* ET ADJECTIFS SERVANT A DÉSIGNER LES COULEURS

Blanc, noir, bleu, vert, violet, jaune, rouge, gris.

I

Le Professeur ayant, au préalable, étendu sur une table un certain nombre d'objets, donne à ses élèves les ordres suivants :

Jean ! montre du papier.　　　Pierre ! montre de la suie.
Paul ! montre du charbon.　　Camille ! montre des bas.
Louis ! montre du lait.　　　Jules ! montre des oranges.
René ! montre de l'encre.　　Philippe ! montre des fleurs.

Puis, lorsque les élèves ont rendu compte des actions exécutées, qu'ils sont déjà familiarisés avec les noms nouveaux de la leçon, le Professeur indique chacun des objets et dit, à haute voix, les phrases suivantes qu'il transcrit sur le tableau noir en les groupant d'après le genre et le nombre :

Masculin singulier	Féminin singulier
Le charbon est *noir*.	La suie est *noire*.
Le lait est *blanc*.	Cette fleur est *blanche*.
Ce papier est *bleu*.	Cette fleur est *bleue*.
Ce papier est *vert*.	Cette pomme est *verte*.
Ce papier est *violet*.	Cette fleur est *violette*.
Ce cahier est *rouge*.	Cette cravate est *rouge*.
Ce papier est *jaune*.	Cette fleur est *jaune*.

Masculin pluriel	**Féminin pluriel**
Ces pantalons sont *noirs.*	Ces blouses sont *noires.*
Le lait et le sucre sont *blancs.*	La neige et la craie sont *blanches.*
Ces bas sont *bleus.*	Ces fleurs sont *bleues.*
Ces arbres sont *verts.*	Ces poires sont *vertes.*
Ces cahiers sont *violets.*	Ces fleurs sont *violettes.*
Ces bas sont *rouges.*	Ces chaussettes sont *rouges.*
Ces livres sont *jaunes.*	Ces fleurs sont *jaunes.*

Après chaque proposition ou après une *série indéterminée* de propositions, le Professeur adresse, *de vive voix et par écrit*, à ses élèves les questions suivantes :

Jean! qu'ai-je dit? — R. Tu as dit : Le charbon est noir.

Paul! qu'ai-je dit? — R. Tu as dit : Le lait est blanc.

Jean! le charbon est-il noir? — Oui, Monsieur, il est noir.

Paul! la suie est-elle noire? — Oui, Monsieur, elle est noire.

Louis! la suie est-elle blanche?—Non, Monsieur, elle n'est pas blanche.

La réponse doit amener l'expression d'un jugement *affirmatif ou négatif.*

II

Après ces premières explications, le Professeur continue la leçon. — Il donne, *de vive voix*, le sujet — et, séance tenante, il fait compléter la phrase.

(Le signe placé après le sujet indique le geste interrogatif que doit faire le Professeur pour provoquer la réponse. — Evidemment, les élèves ne doivent pas avoir le livre ouvert sous les yeux pendant cette leçon.)

> Jean! le sucre? . . . . est blanc.
> Paul! la craie? . . . . est blanche.
> Louis! ce ruban?. . . . . . est vert.
> René! ce tableau? . . . . . est noir.
> Pierre! cette orange? . . . . est jaune.
> Jules! cette pomme? . . . . est verte.
> Camille! ce bonbon?. . . . est rouge.
> Philippe! cet encrier ?. . . . est blanc.
> Jean! ces pantalons?. . . . sont bleus.

Paul! ces gilets?. . . . . .   sont noirs.
Louis! ces blouses?. . . . .   sont bleues.
René! ces cravates? . . . .   sont noires.
Pierre! ces chaussettes? . .   sont rouges.
Jules! ces bas?. . . . . . .   sont blancs.
Camille! ces foulards? . . .   sont jaunes.
Philippe! ces serviettes? . .   sont blanches.

Chacune de ces phrases doit être transcrite au tableau noir.

III

Continuation de la leçon :

Jean! le paletot de Louis?. . . . . .   est noir.
Paul! la blouse de Camille? . . . .   est bleue.
Louis! le manteau de Monsieur X.?.   est noir.
René! le rabat de M. l'Aumônier? .   est noir.
Pierre! ta cravate? . . . .   est rouge.
Jules! mon cahier?. . . . .   est bleu.
Camille! la soutane du Pape?. . . .   est blanche.
Philippe! la soutane de l'Evêque?. .   est violette.

Jean! les cheveux de Louis? . . . . .   sont noirs.
Paul! les cheveux de Monsieur X.? . .   sont blancs.
Louis! les yeux de René?. . . . . . .   sont verts.
René! les dents de Jean? . . . .   sont blanches.
Pierre! les joues de Philippe? . . . . .   sont rouges.
Jules! les joues de Camille?. . . . . .   sont blanches.
Camille! les ongles de Jean? . . . . .   sont noirs.
Philippe! les mains de René? . . . . .   sont rouges.

Remarque. — Les phrases ci-dessus, il ne faut pas l'oublier, sont des phrases types. Le Professeur les adaptera, selon les circonstances, aux élèves de sa classe et aux personnes connues.

EXERCICES

I

Trouver l'adjectif de couleur convenable :

L'orange est	Le fer est.	Cette pomme est . . . .
La craie est. . . .	Le cuivre est	Ce café est. . . . .
Le charbon est . . .	L'argent est	Ces cerises sont. . . . . . .
La chaux est	L'or est.	Ces prunes sont. . . . . . .
Le sang est	Le zinc est	Cette figue et cette poire sont.
La suie est	Le plomb est. . . .	Ces raisins sont . . . .

II

Forme négative :

La craie et la chaux	Les bas de Louis . . . .
Le sang et les cerises	Les cheveux de Jules. . . . . . .
La craie et le charbon	Les dents de Philippe. . . . . . .
La suie et le charbon.	Les joues de Paul. . . . .
La chaux et le sang	Les yeux de Jean. . . . .
L'or et le cuivre.	Les chaussettes de René . . . . . .
Le sel et le sucre.	La cravate et le béret de Louis. . .
Le cirage et l'encre.	Le mouchoir et la ceinture de Jules.

III

**Mettre les phrases du premier exercice à la forme interroga-
tive :**

L'orange est-elle jaune ?
L'argent est-il blanc ?
Etc.

IV

Trouver le complément du sujet :

1o Nom propre.

La cravate de. . . . . .   est bleue.
Les bas de . . . . . .   sont noirs.
La casquette de. . . .   est blanche.

Le mouchoir de . . .   est blanc et rouge.
Le paletot de. . . . .   est bleu.
La blouse de . . . . .   est noire.
Le béret de. . . . . .   est blanc.
La ceinture de . . . .   est rouge.

2o Nom commun :

La visière *de la casquette*   est noire.
Le ruban . . . .   est bleu.
Le col. . . . .   est blanc.
Les boutons. . . . .   sont jaunes.
Les manches. . . . .   sont noires.
La couverture. . . . . . .   est blanche et bleue.

V

Répondre à la question : Qu'est-ce qui est... *rouge? — blanc? — blanc et bleu? — noir? — violet? — rouge et blanc?* etc., et donner plusieurs noms auxquels peuvent convenir ces adjectifs.

VI

A l'aide d'une gravure, faire distinguer les couleurs :

Exemples : *Cette robe est jaune. — Cet arbre est vert. — Ce fichu est rouge,* etc.

VII

Répondre aux questions suivantes :

De quelle couleur ou comment est... *le charbon? — l'encre? — le lis? — le plâtre? — le drap de lit? — le beurre? — la soutane du Pape? — la salade? — la bougie? — le soufre? — la crème? — la couverture de ton cahier? — le pantalon des soldats? — le porte-plume du professeur?* etc...

VIII

Application aux verbes neutres et actifs :

Jean! marche sur un tapis *rouge.*
Paul! va près d'un rideau *blanc.*
Louis! mets une soupière *blanche* près de la porte.
Jules! porte une ceinture *violette* dans ton pupitre.
René! mets des chaussons *rouges* sous la chaise.
Pierre! mange un bonbon *blanc* et un bonbon *rouge.*

Questions à poser : *Paul ! qui marchera sur un tapis rouge ? — Paul ! que fait Jean ? — Paul ! sur quoi Jean a-t-il marché ? — Louis ! où ira Paul ? — Louis ! qu'a fait Paul ? — Louis ! près de quoi Paul est-il allé ? — Louis ! qu'as-tu mis près de la porte ?* etc.

IX

Conjuguer aux trois temps — et aux trois formes phraséologiques connues — les verbes suivants :

Marcher sur un tapis rouge — Mettre une soupière blanche sur la table — Se laver la figure dans une cuvette blanche.

———— ————

LECTURE

Les élèves écriront la lecture suivante sous la dictée du Professeur :

Joseph, Paul, Jules, Louis, Julie et Louise sont allés en promenade dans la campagne. Joseph a grimpé dans un pommier — il a ramassé des pommes rouges et il a donné ces pommes à *ses camarades* (Paul, Jules, etc...). — Joseph et Jules portent un pantalon bleu, leur ceinture est rouge et leur chemise est blanche. Les cheveux de Joseph, de Paul et de Louis sont *blonds* (jaunes); leurs figures, leurs pieds et leurs mains sont *roses* (un peu rouges). — La robe de Julie et le tablier de Louise sont bleus. — Les arbres sont verts. — Louise porte des pommes dans son tablier — elle montre un homme et elle frappe Julie. — Jules s'est couché sur l'herbe verte et Paul a mis la veste de Joseph et la blouse de Louis près d'une porte. (*Description d'une gravure.*)

Petite conversation. — *Qui est allé en promenade? — Où Joseph et ses camarades sont-ils allés en promenade? — Qu'a fait Joseph? — A qui Joseph a-t-il donné des pommes rouges? — Comment est le pantalon de Joseph? —*

de Jules? — Comment sont leurs cheveux? — leurs pieds? — leurs mains? — De quelle couleur est le tablier de Louise? — la robe de Julie? — la ceinture de Joseph? — Que porte Louise dans son tablier? — Que fait-elle? — Où Jules s'est-il couché? — Où a-t-il mis la veste de Joseph et la blouse de Louis?

DEUXIÈME LEÇON

VERBE *ÊTRE* ET ADJECTIFS DE FORME ET DE DIMENSION

Carré, rond. — Long, court. — Rectangulaire, ovale. — Plat, creux. — Droit, courbe. — Grand, petit. — Gros, mince.

Exercice préparatoire (Voir l'observation de la première leçon)

Jean! montre une table *carrée*.

Paul! montre un cadre *rectangulaire*.

Louis! montre une assiette *plate*.

René! montre une assiette *creuse*.

Pierre! montre un bâton *droit*.

Jules! montre un bâton *courbe*.

Camille! montre un *grand* panier.

Philippe! montre un *petit* panier.

Jean! montre les pieds de Louis.

Paul! montre les pieds du crucifix.

Louis! montre les pieds de la table.

René! montre les dents de Paul.

Pierre! montre les dents de la scie.

Jules! montre les pages de ce livre.

Camille! montre l'anse du panier.

Philippe! montre la clef du placard.

Après le compte rendu des actions ci-dessus, le Professeur, procédant comme à la première leçon, dit et écrit les phrases suivantes, les groupant, autant que possible, selon le genre et le nombre :

I

Masculin	**Féminin**
Ce tableau *est carré.*	Cette table *est carrée.*
Ce cadre *est rectangulaire.*	Notre classe *est rectangulaire.*
Ce palet *est plat.*	Cette assiette *est plate.*
Ce dé *est creux.*	Cette assiette *est creuse.*
Ce bâton *est droit.*	Cette règle *est droite.*
Ce bâton *est courbe.*	Cette baguette *est courbe.*
Ce panier *est grand.*	Notre maison *est grande.*
Ce panier *est petit.*	Cette bouteille *est petite.*

Reprendre ces mêmes exemples au masculin et au féminin pluriel.

II

Après les premières explications, le Professeur poursuit la leçon. — Il donne, *de vive voix*, le sujet de la proposition et, séance tenante, il fait compléter par tous les élèves la phrase, qui est ensuite transcrite sur le tableau noir :

Le pantalon de Louis? . . . . est *long.*

Sa blouse?. . . . . est *longue.*

Le gilet de Jean?. . . . . est *court.*

Sa culotte?. . . . . est *courte.*

Le porte-plume de Pierre? . . . . est *droit.*

Sa règle ? . . . . est *droite.*

Les cheveux de Camille? . . . . . sont *longs.*

Ses mains ? . . . . sont *longues.*

Les doigts de Philippe? . . . . . sont *courts.*

Ses jambes? . . . . sont *courtes.*

Les yeux de René?. . . . . sont *petits.*

Ses oreilles? . . . . sont *petites.*

III

Les pieds de la table? . . . . sont *droits.*

Les pieds de la chaise? . . . . sont *ronds.*

Les pieds du fauteuil? . . . . sont *courts.*

Les pieds de ce banc ? . . . . sont *longs.*
Les clefs du portail et de la cave ? . . . . sont *grosses.*
Les dents du peigne ? . . . . sont *petites.*
Les feuilles de ce cahier? . . . . sont *minces.*
L'anse du panier et la poignée de la porte ? . . sont *rondes.*

EXERCICES

I

Ajouter l'adjectif convenable avec le verbe ÊTRE :

Cette boule	La maison . . . .
Ce bâton.	Cette tour. . . . .
Ce panier.	Le soleil et la lune . . . . .
Cette lanterne	Mes cheveux. . . . .
Ces sabots	Le jardin . . . .
Ces livres	Le réfectoire. . . . .
Ces pots	Cet arbre . . . .

II

Extension de la nomenclature. Ajouter — avec le verbe ÊTRE — l'adjectif convenable :

Les pieds du fauteuil	Les feuilles du livre. . . . .
Les pieds de la table	Les feuilles du cahier . . . .
Les pieds de la chaise. . . .	Les feuilles de cet arbre . . .
Les pieds du bureau	Les dents de la scie . . . . .
Les pieds du banc	Les dents du rateau . . . . .
Les pieds de Louis	La clef du bureau . . . . . .
Les pieds du crucifix	La clef du portail . . . . . .

III

Composer une phrase où l'on fera entrer les expressions suivantes :

Du cheval — de l'âne — du chien — du porc — du chat — du bœuf — de l'éléphant — de la girafe — du coq — du lapin, etc.

Exemple : *La tête du cheval est longue.*

IV

Mettre à la forme interrogative les phrases de l'exercice N° 1.

V

Répondre aux questions suivantes, de mémoire et à l'aide de gravures ou d'objets figurant au musée scolaire :

Qu'est-ce qui est long ? — court ? — droit ? — gros ? — petit ? — mince ? — courbe ? — carré ? — creux ? — ovale ? — rectangulaire ? — plat ? etc., etc.

VI

Trouver le contraire des expressions suivantes :

Cette table est *carrée.*
Cette baguette est *longue.*
Ce tableau est *rectangulaire.*
Ces assiettes sont *plates.*
Ce bâton est *droit.*
Ce cheval est *grand.*
Cet arbre est *gros.*
Ce sucrier est *rond.*

VII

Application aux verbes actifs :

Jean ! montre une boîte carrée.
une boîte ronde.
une baguette droite.
Paul ! mets un petit paquet sur le bureau.
Louis ! cache un gros livre sous ta blouse.
René ! porte un grand panier sur ta tête.
Etc.

VIII

Conjuguer aux trois temps — et aux trois formes phraséologiques connues — les verbes suivants :

Montrer un mouchoir carré — porter un petit paquet sous le bras — tomber près d'un gros arbre.

TROISIÈME LEÇON

VERBE *ÊTRE* ET ADJECTIFS QUALIFICATIFS SE RAPPORTANT :

1° **Aux choses** : *Beau, vilain. — Joli, laid. — Bon, mauvais. — Propre, malpropre, sale. — Neuf, vieux. — Lourd, pesant, léger. — Dur, mou. — Plein, vide.*

2° **Aux personnes** : *Grand, petit. — Gros, mince. — Gras, maigre. — Fort, vigoureux, faible. — Beau, laid. — Vieux, jeune. — Droit, bossu, boiteux. — Borgne, aveugle, sourd-muet.*

Exercice préparatoire (Voir l'observation de la première leçon) :

Jean !	montre un *beau* crucifix	— une image *laide*.
	montre une *belle* chaîne	— une *vilaine* chaîne de montre.
Paul !	montre un *joli* tableau	
	montre une *jolie* croix	— une *vilaine* casquette.
Louis !	montre un habit *propre*	— un cahier *sale*.
	montre des blouses *propres*	— des habits *sales*.
Pierre !	montre des souliers *neufs*	— de *vieux* souliers.
	montre des chaussettes *neuves*	— de *vieilles* chaussettes.
Camille !	montre des sabots *lourds*	— des sabots *légers*.
	montre un élève *grand* et *fort*	— un enfant *petit* et *faible*.
René !	montre un élève *fort* et *beau*	— un enfant *faible* et *laid*.
	montre un élève *gros* et *bossu*	— un élève *maigre* et *droit*.
	montre un homme *vieux*	— un homme *jeune*.

Après ce premier exercice préparatoire, le Professeur poursuit la leçon :

I

Ce panier ?. . . . . est grand.	Ce verre?. . . . . . est plein.
Cette éponge?. . . est grosse.	Cette bouteille?. . . est vide.
Ces cahiers?. . . . sont jolis.	Cette balle ?. . . . . est légère.
Ces livres ?. . . . . sont neufs.	Ce couteau ?. . . . . est vieux.
Cette soupière?. . . est belle.	Ce cache-nez?. . . . est neuf.

II

Monsieur X? . . est grand	—	ses bras ?. . . sont gros.
Louis ?. . . . . est petit	—	ses doigts?. . sont minces.
Philippe ?. . . . est gros	—	ses oreilles?. . sont longues.
Camille ?. . . . est mince	—	ses jambes ? . sont faibles.
Jules ? . . . . . est fort	—	ses mains?. . sont grosses.
Pierre ?. . . . est faible	—	ses bras ?. . . sont minces.
Madame X ? . . est vieille	—	ses jambes ? . sont faibles.

Ne pas oublier l'observation placée à la fin de la première leçon sur les adjectifs : les phrases ci-dessus sont des phrases types, au Professeur de les adapter à son entourage.

La façon dont nous présentons cette leçon — si le Professeur sait intéresser ses élèves en les interrogeant à tour de rôle — doit tenir en éveil l'intelligence et donner un peu de vie à la classe.

EXERCICES

I

Application de la leçon : trouver deux ou trois adjectifs convenant au sujet :

Ce lit . . . .
Ces draps . . . .
Cet édredon. . . . .
Cette cuvette . . . .
La porte de la classe. . . . . . .
La cravate de Jules. . . . .
La montre de Monsieur X. . . .
La tête de Camille. . . . .

II

Trouver l'adjectif convenable :

Les oreilles de l'âne et la queue du bœuf . . . .
Les pieds du mouton et les pieds du chat. . . . .
Les pieds et la tête du porc. . . . .

Le cou de la girafe et la trompe de l'éléphant . . . . .
La tête de l'éléphant et la tête du bœuf. . . . .
L'âne est vilain : son poil. . . . .
Le chat est joli : ses yeux. . . . .
　　　Etc.

III

Composer une ou plusieurs phrases dans lesquelles on fera entrer les expressions suivantes :

Un veston propre. — Un veston neuf. — Une serviette propre. — Un marteau lourd. — Des souliers légers. — Des bras minces. — Des oreilles longues. — Une vilaine casquette. — Des souliers sales, etc.

Exemple : Le veston de Louis est propre.

IV

Exercice sur les contraires :

Jean est *grand*.
Il est *jeune*.
Ses yeux sont *grands*.
Ses bras sont *minces*.
Ses jambes sont *courtes* et *faibles*.
Son nez est *petit*.
Sa blouse est *malpropre*.
Sa cravate est *vieille*.
Sa casquette et sa blouse sont *sales*.
Jean est *laid*.

V

Donner plusieurs sujets en réponse aux questions :

Qui est ou qu'est-ce qui est lourd? — petit? — léger? — neuf? — propre? — fort? — vieux? — beau? — mince? — aveugle? — petit et gros? — bossu? — droit? — grand? etc.

VI

Application aux verbes actifs :

Jean ! montre un *joli* cadre.
Paul ! mets une cravate *sale* dans ta poche.
Louis ! frappe un *grand* élève.

René! renverse un *petit* banc.
Pierre! suspends un veston *neuf.*
Camille! cache une bouteille *vide* derrière mon tableau.
Jules! cache une bouteille *pleine* dans mon bureau.
    Etc.

VII

Modèle de conjugaison du verbe ÊTRE :

Présent	Passé	Futur
Je *suis* jeune.	J'*ai été* petit.	Je *serai* grand.
Tu *es* jeune.	Tu *as été* petit.	Tu *seras* grand.
Il *est* jeune.	Il *a été* petit.	Il *sera* grand.
Nous *sommes* jeunes.	Nous *avons été* petits.	Nous *serons* grands.
Vous *êtes* jeunes.	Vous *avez été* petits.	Vous *serez* grands.
Ils *sont* jeunes.	Ils *ont été* petits.	Ils *seront* grands.

Comme application pratique de la conjugaison, *chaque élève* peut passer devant le Professeur en lui disant *de vive voix* une phrase comme celles-ci :

    Je suis petit. — Je suis grand. — Je suis jeune —

et *écrire* ensuite la même phrase sur le tableau noir.

Cet exercice se renouvellera pour la deuxième personne : chaque élève, passant devant son Professeur, lui donnera une qualité pouvant lui convenir et transcrira ensuite sa phrase sur le tableau : *Tu es grand, tu es fort, tu es vieux,* etc.

Pour la troisième personne — un élève ayant été mis à part — les autres diront en le montrant : *Il est petit, il est bossu,* etc.

Et le Professeur posera des questions analogues aux suivantes : *Jean! es-tu petit? — Paul! es-tu fort? — Louis! suis-je vieux? — René! Louis est-il bossu? Camille! seras-tu grand?* — ou *Qui est boiteux? — aveugle? — laid? — faible?* etc.

On fera des exercices analogues pour les trois personnes du pluriel.

———

LECTURE

Les élèves écriront la lecture suivante sous la dictée du Professeur :

I. Monsieur Rivaud est gros. — Sa tête est grosse — Ses yeux sont ronds et bleus — Son nez est long et courbe — Sa figure est ovale — Ses jambes sont grosses et courtes — Ses bras sont longs — Ses cheveux sont noirs et courts, et sa moustache est longue — Monsieur Rivaud est laid.

Petite conversation. — *Monsieur Rivaud est-il mince ? — Comment est sa tête ? — Son nez ? — Sa figure ? — De quelle couleur sont ses yeux ? — Ses cheveux ? — Comment sont ses jambes ? — Ses bras ? — Est-il beau ?*

II. La chambre de M. Rivaud est carrée et grande — Son bureau est large et rectangulaire — Les pieds du bureau sont longs — Son fauteuil est neuf et son poêle est rond — Le rideau de sa fenêtre est jaune et large — Le rideau de son lit est long et blanc — Son couvre-pieds est rouge — Son édredon est bleu et ses couvertures sont vertes — La chambre de M. Rivaud est belle.

Petite conversation. — *Comment est la chambre de M. Rivaud ? — son bureau ? — Est-ce que les pieds du bureau sont courts ? — De quelle couleur est le rideau de son lit ? — Comment est son couvre-pieds ? — La chambre de M. Rivaud est-elle vilaine ?*

QUATRIÈME LEÇON

VERBE *ÊTRE*
ET ADJECTIFS EXPRIMANT DES QUALITÉS MORALES

*Bon, Méchant — Sage, Dissipé (Bavard) — Attentif, Inattentif
— Studieux, Paresseux — Sobre, Gourmand*

I

Le Professeur, s'adressant aux élèves, leur dit :

Jean frappe *souvent* ses camarades (Paul, Louis, René). — Est-ce bien ? — Non, c'est mal.

Jean est *méchant*.

Paul ne frappe jamais ses camarades. — Est-ce bien ? — Oui, c'est bien.

Paul est *bon*.

Louis ne bavarde pas en classe, il croise bien les bras, il ne tourne pas la tête à la chapelle. — Est-ce bien ? — Oui, c'est bien.

Louis est *sage*.

René bavarde *toujours*, il tourne la tête et il rit à la chapelle. — Est-ce bien ? — Non, c'est mal.

René est *dissipé*.

II

Jean ! Louis regarde-t-il bien son Professeur en classe ?

Oui, Monsieur, il regarde bien son Professeur en classe.

Louis *réfléchit*-il *beaucoup* en classe ?

Oui, Monsieur, il réfléchit beaucoup.

Louis *questionne*-t-il son Professeur ?

Oui, Monsieur, il questionne son Professeur.

Louis étudie-t-il bien sa leçon à l'étude ?

Oui, Monsieur, il étudie bien sa leçon à l'étude.

Le Professeur ajoute : C'est bien.

Louis est *attentif* et *studieux*.

Aux mêmes questions adressées au sujet d'un autre élève, la réponse étant négative, le Professeur dit : C'est mal.

N... est *inattentif* et *paresseux*.

EXERCICES

I

Répondre aux questions suivantes :

Qui est sage ? — Dissipé ? — Sobre ? — Attentif ? — Studieux ? — Gourmand ? — Bon ? — Bavard ? etc.

Pierre est-il sage ? — Léon est-il méchant ? — Maurice et Jules sont-ils dissipés ? — Louis et Jean sont-ils gourmands ? — Léon et Georges sont-ils attentifs ? — Dieu est-il bon ? — Marie est-elle bonne ? etc.

Le Professeur adaptera l'exercice aux élèves de sa classe ou de l'Institution.

II

Exercice sur les contraires :

>Georges est *dissipé*.
>Louis est *bon*.
>Maurice est *sage*.
>Jules et Paul sont *gourmands*.
>Monsieur X... est *sobre*.
>Nous sommes *sages*.
>Jean et Victor sont *paresseux*.
>Pierre et Camille sont *attentifs*.

III

Répondre aux questions suivantes et donner une appréciation :

Exemple : *Qui n'est pas sage ?* Louis n'est pas sage. — C'est mal.

>*Qui n'est pas gourmand ?*
>*Qui n'est pas dissipé ?*
>*Qui n'est pas studieux ?*
>*Qui n'est pas bavard ?*
>*Qui n'est pas inattentif ?*
>*Qui n'est pas méchant ?*
>*Qui n'est pas bon ?*
>*Qui n'est pas paresseux ?*
>*Qui n'est pas sobre ?*
>*Qui n'est pas attentif ?*
>*Qui n'est pas sage ?*
>*Etc.*

IV

Conjuguer aux trois temps les verbes : être bon — être dissipé — être attentif — être méchant.

____

LECTURE

Les élèves écriront la lecture suivante sous la dictée du Professeur :

I. M. Henri marche vite — Il court bien et il travaille avec courage — Sa figure est ronde et rouge — Ses moustaches sont noires et petites — Il est jeune et fort.

M. Paul marche lentement avec un bâton — Il est faible, il ne travaille plus, il tremble — Ses cheveux sont blancs — Il est vieux et courbé.

M. Louis marche à tâtons — Il ne court jamais — Ses yeux sont vilains — Il est aveugle.

Petite conversation. — *Comment M. Henri, M. Paul et M. Louis marchent-ils? — M. Henri court-il bien? — Comment est sa figure? — Est-il vieux? — Quel est le contraire de vieux? — Avec quoi M. Paul marche-t-il? — Est-ce qu'il travaille encore? — De quelle couleur sont ses cheveux? — M. Louis marche-t-il vite? — Comment sont ses yeux? — Voit-il bien?*

II. Louise est boiteuse, maigre et malpropre — Sa figure et ses mains sont noires — Elle ne coupe pas ses ongles — Elle ne se lave jamais les oreilles — Le col de sa robe et son fichu sont sales — Elle ne brosse pas ses souliers et ses sabots — Ses cahiers et ses livres sont tachés — Louise n'est pas propre. — C'est mal.

Petite conversation. — *Quel est le contraire de boiteux? — de maigre? — de malpropre? — Etes-vous boiteux? — borgne? — bossu? — Qui est boiteux, maigre et malpropre? — Louise se lave-t-elle les oreilles? — Comment sont ses mains et sa figure? — Comment sont ses livres? — le col de sa robe? — son fichu? — Est-ce bien?*

III. Loulou est allé en promenade — Maman a mis un beau chapeau sur sa tête — Il a pris une balle, un ballon, une raquette et un volant — Il a marché lentement — Il a regardé les grandes maisons, les hommes, les femmes, les petits garçons, les petites filles, les voitures et les chevaux — Il s'est assis sur un banc vert loin de sa maman — Un gros chien est venu près de Loulou — Il a pleuré, il a crié et il a couru vite à côté de sa mère.

Petite conversation. — *Qu'a fait Loulou ? — Qu'est-ce que maman a mis sur sa tête ? — Qu'a-t-il pris ? — Comment a-t-il marché ? — Qu'a-t-il regardé ? — Où s'est-il assis ? — Est-ce que Loulou s'est assis près de sa maman ? — Qui est venu près de Loulou ? — Qu'a-t-il fait ?*

CHAPITRE CINQUIÈME

VERBE *AVOIR*

———◆———

§ I.

Verbe AVOIR avec un ou plusieurs compléments

Le Professeur appelle Jean et lui ordonne de montrer un objet que sûrement il n'a pas, *un porte-monnaie, par exemple.* L'élève fait un signe négatif et le Professeur dit *à haute voix* la phrase suivante, *qu'il transcrit* en second lieu sur le tableau noir :

Jean n'a pas de porte-monnaie.

Alors, tirant de sa poche un porte-monnaie, le Professeur *dit* et *écrit :*

J'ai un porte-monnaie.

Puis, s'adressant à un autre élève en mesure de montrer l'objet :

Paul ! montre ton porte-monnaie.

Le Professeur dit :

Paul a un porte-monnaie.

Ensuite, il pose la question : *Qui a un porte-monnaie ?*
Les possesseurs d'un porte-monnaie lèvent la main, et le Professeur, passant devant chaque élève, dit selon le cas :

Louis ! tu as un porte-monnaie.

L'élève répète :

J'ai un porte-monnaie.

Le Professeur :

> *Pierre! tu n'as pas de porte-monnaie.*

L'élève répète :

> *Je n'ai pas de porte-monnaie.*

Etc., etc.

Après cet exercice, qui pourra et devra être appliqué à d'autres objets, le Professeur pose les questions :

> *Qui a un porte-monnaie?*
> *Qui n'a pas de porte-monnaie?*
> *Louis a-t-il un porte-monnaie?*
> *Ai-je un porte-monnaie?* etc.

A cette dernière question tous les élèves doivent répondre à tour de rôle :
> Tu as un porte-monnaie.

> *Paul! as-tu un porte-monnaie?*
> *Louis! as-tu un couteau?* etc., etc.

Pour s'assurer que les élèves ont compris la leçon, le Professeur demande, par exemple :

Camille a-t-il une blouse?	R. Oui, Monsieur, il a une blouse.
Louis a-t-il un béret?	R. Oui, Monsieur, il a un béret.
Jules a-t-il des sabots?	R. Oui. Monsieur, il a des sabots.
Pierre a-t-il des bottes?.	R. Non, Monsieur, il n'a pas de bottes.
Jean a-t-il un béret gris?	R. Non, Monsieur, il n'a pas de béret gris, il a un béret bleu.
Louis! as-tu un béret bleu?	R. Oui, Monsieur, j'ai un béret bleu.
Camille! as-tu une blouse grise?	R. Oui, Monsieur, j'ai une blouse grise.
René! ai-je un chapeau blanc?	R. Non, Monsieur, tu n'as pas de chapeau blanc, tu as un chapeau noir.
Etc.	Etc.

Des exercices analogues doivent être faits pour l'enseignement des trois personnes du pluriel, par exemple :

> Jean! as-tu des boucles d'oreilles?
> Paul! as-tu des boucles d'oreilles?
> ai-je des boucles d'oreilles?
> Jean! Paul! *avons-nous des boucles d'oreilles?*
> *Non, Monsieur, nous n'avons pas de boucles d'oreilles.*

Louis! Jean, Paul et moi avons-nous des boucles d'oreilles?
Non, Monsieur, vous n'avez pas de boucles d'oreilles?

Louis! Jean a-t-il des gants?
Paul a-t-il des gants?
Jean et Paul *ont-ils* des gants?
Oui, Monsieur, ils ont des gants.

Il sera bon de multiplier les exemples pour donner l'intelligence du verbe **avoir**.

MODÈLE DE CONJUGAISONS

Présent

Forme affirmative

(MAINTENANT)

J'*ai* une casquette.
Tu *as* une casquette.
Il *a* une casquette.
Nous *avons* une casquette.
Vous *avez* une casquette.
Ils *ont* une casquette.

Présent

Forme négative

(MAINTENANT)

Je *n'ai pas* de chapeau.
Tu *n'as pas* de chapeau.
Il (*elle*) *n'a pas* de chapeau.
Nous *n'avons pas* de chapeau.
Vous *n'avez pas* de chapeau.
Ils (*elles*) *n'ont pas* de chapeau.

Passé

(AUTREFOIS)

J'*ai eu* des bons points.
Tu *as eu* des bons points.
Il (*elle*) *a eu* des bons points.
Nous *avons eu* des bons points.
Vous *avez eu* des bons points.
Ils (*elles*) *ont eu* des bons points.

Passé

(AUTREFOIS)

Je *n'ai pas eu* de récompense.
Tu *n'as pas eu* de récompense.
Il (*elle*) *n'a pas eu* de récompense.
Nous *n'avons pas eu* de récompense.
Vous *n'avez pas eu* de récompense.
Ils (*elles*) *n'ont pas eu* de récompense.

Futur

(PLUS TARD)

J'*aurai* une montre.
Tu *auras* une montre.
Il (*elle*) *aura* une montre.
Nous *aurons* une montre.
Vous *aurez* une montre.
Ils (*elles*) *auront* une montre.

Futur

(PLUS TARD)

Je *n'aurai pas* de casquette neuve.
Tu *n'auras pas* de casquette neuve.
Il *n'aura pas* de casquette neuve.
Nous *n'aurons pas* de casquette neuve.
Vous *n'aurez pas* de casquette neuve.
Ils *n'auront pas* de casquette neuve.

Forme interrogative

Présent	**Passé**

Ai-je des lunettes ?

As-tu des lunettes ?

A-t-il (elle) des lunettes ?

Avons-nous des lunettes ?

Avez-vous des lunettes ?

Ont-ils (elles) des lunettes ?

Ai-je eu des bons points ?

As-tu eu des bons points ?

A-t-il (elle) eu des bons points ?

Avons-nous eu des bons points ?

Avez-vous eu des bons points ?

Ont-ils (elles) eu des bons points ?

Futur

Aurai-je des souliers neufs ?

Auras-tu des souliers neufs ?

Aura-t-il (elle) des souliers neufs ?

Aurons-nous des souliers neufs ?

Aurez-vous des souliers neufs ?

Auront-ils (elles) des souliers neufs ?

Après les exercices préliminaires et l'étude de la conjugaison, le Professeur fait composer, en classe, des phrases comme celles-ci, à la forme affirmative et négative :

Jean a une blouse.

Paul a un béret.

Louis a des chaussettes.

M. l'Aumônier a un rabat.

Le soldat a des épaulettes et un sabre.

Pierre a un foulard et des bretelles.

Cette petite fille a une pèlerine et un bonnet.

Elle a des souliers et un bâton.

Nous avons des livres et des cahiers.

Louis et Jules ont un porte-monnaie.

Ils ont une belle montre, etc.

Mettre les phrases ci-dessus à la forme négative.

§ II

Verbe AVOIR ayant pour complément un nom commun accompagné d'un adjectif qualificatif

Phrases à faire composer, en classe, d'après les procédés expliqués au chapitre du verbe *être* :

7

1° FORME AFFIRMATIVE :

Jean ? . . . .   a un chapeau *noir*.

Paul ? . . . .   a une casquette *vilaine*.

Louis ?. . . . .   a un béret *neuf* et une blouse *sale*.

René ? . . . .   a un pantalon *court* et une ceinture *large*.

Tu ? . . . .   auras des souliers *neufs*.

Camille et Pierre ? .   ont des chaussettes *rouges*.

_{Dimanche,} Ils ? . . . .   auront des chaussettes *blanches*.

Philippe ? . . . . .   a une tête *grosse* et des pieds *courts*.

Le chat ?. . . . . .   a un tête *petite*.

Louis et Jules ? . .   ont des confitures *excellentes*.

Exception : L'adjectif est quelquefois placé avant le nom. Ne pas trop insister sur cette exception que les élèves apprendront surtout par l'habitude.

Paul et Jean ?. . . . . .   ont de *vieux* souliers.

Jules ?. . . . . ?   a de *longs* doigts.

Le cuisinier ?. . . . . .   a un *gros* marteau.

Les bœufs ? . . . . . .   ont de *grosses* cornes.

        Etc.

2° FORME NÉGATIVE :

Jean ?. . . . . . .   n'a pas de bas *blancs*.

Il ? . . . .   n'a pas de cheveux *rouges*.

Je ? . . . .   n'ai pas de livres *neufs*.

Nous ?. . . . . .   n'avons pas de souliers.

René et Pierre ?. .   n'ont pas de porte-crayons *neufs*.

Ils ? . . . .   n'ont pas de chapeau *noir*.

Les moutons ?. .   n'ont pas de cornes *longues*.

Ce veston ? . . .   n'a pas de boutons *jaunes*.

Louis ?. . . . . .   n'a pas *le front large*.

Jules ? . . . . . .   n'a pas *les mains sales*.

Camille et René ?.   n'ont pas *les yeux bleus*.

Multiplier exemples et exercices à l'aide de gravures.

§ III.

Verbe AVOIR ayant pour complément un nom commun précédé d'un adjectif numéral cardinal

Jean ! prends des billes dans cette boîte.
donne *une* bille à Paul.
donne *deux* billes à Louis.
donne *trois* billes à René.
donne *quatre* billes à Jules.
donne *cinq* billes à Pierre.

Et ainsi de suite, jusqu'à 10, 20 et plus, selon le degré de développement des élèves. Puis le Professeur demande :

Paul ! combien as-tu de billes ?
Monsieur, j'ai une bille.
Louis ! combien as-tu de billes ?
Monsieur, j'ai deux billes.
René ! combien as-tu de billes ?
Monsieur, j'ai trois billes.
Jules ! combien as-tu de billes ?
Monsieur, j'ai quatre billes.
Ect., etc.

———

EXERCICES

I

Compléter les phrases suivantes en ajoutant le complément convenable :

Jean a . . . . Le cheval a . . . .
Gabriel a . . . . Le chien a . . . .

Jules n'a pas	Les poules n'ont pas. . . . .
Maurice a	L'âne a . . . .
Louis et Pierre n'ont pas . .	Le cochon n'a pas. . . . . .
Je n'ai pas	Le bœuf et la vache ont. . .
J'ai.	Le lapin a . . . .
Nous avons	Le lion a . . . .
Nous n'avons pas.	La mouche n'a pas . . . . .
Monsieur X... a	Le chat n'a pas . . . .

L'élève substituera aux noms propres de l'exercice le nom des élèves de la classe.

II

Répondre aux questions suivantes :

Qui a une canne ? — des lunettes ? — une pèlerine ? — quatre pattes ? — de longues cornes ? — de petits yeux ? — une grosse tête ? — une longue crinière ? etc.

Qui n'a pas de lunettes ? — de montre ? — de longs cheveux ? — le cou sale ? — les oreilles propres ? — le nez long ? etc.

Jean ! as-tu le front large ? — les yeux bleus ? — les mains propres ? — Louis a-t-il un beau porte-plume ? — un cache-nez rouge ? — des souliers neufs ? — un veston déchiré ? — une casquette trouée ? — Cette petite fille a-t-elle des bas blancs ? etc.

III

Transformer les phrases suivantes, en employant le verbe avoir :

Exemple : Le nez de Pierre est long — *Pierre a le nez long.*

Les fenêtres de la classe sont grandes.
La blouse de Pierre est bleue.
Le cheval de M. X... est fort et vigoureux.
Les roues de la voiture de M. X... sont neuves.
Les casseroles du cuisinier sont blanches et jaunes.
Le marteau du *forgeron* est lourd.
Le balai du domestique est vieux.
Les pieds de la chaise sont cassés.
Les mains et le front de Jules sont larges.
Le mouchoir et la blouse de Louis sont sales.

Cet exercice, comme la plupart du reste, demande à être préparé par le Professeur.

IV

Mettre à la forme interrogative les phrases du nº III, avec le verbe *avoir* et avec le verbe *être*.

V

Se servir de gravures pour faire composer des phrases analogues aux suivantes :

Cette fille a un bonnet blanc sur la tête — Cet homme a un mouchoir blanc autour du cou — Cette femme a un grand manteau rouge — Ces enfants ont les pieds nus — Cet enfant a un panier et un bâton, etc.

VI

Distinction du verbe *avoir* et du verbe *être* :

Verbe ÊTRE : **Adjectif.** — *Verbe AVOIR* : **Nom commun**

Jean. . . . . dissipé.
Louis. . . . . gros.
Ce béret . . . . blanc et bleu.
Paul . . . . une veste grise.
Cette assiette. . . . . . . creuse.
Pierre. . . . . des souliers sales.
Jules . . . . studieux et propre.
Ce panier. . . . . léger.
Camille. . . . . une cravate neuve.
René . . . . un pantalon large.
Louis. . . . . un gros livre.
Philippe. . . . . boiteux.
Les pieds de la table . . . droits.
Jules et Louis. . . . . . . de képi.
Nous . . . . jeunes et forts.
Nous . . . . des arbres sur la cour.
Cette bouteille . . . . . . vide, etc.

VII

Faire conjuguer aux trois formes phraséologiques connues :

Présent. — Avoir des billes — Avoir de l'argent — Avoir une boîte de compas.

Passé. — Avoir un billet d'honneur — Avoir une image.

Futur. — Avoir des prix — Avoir un habit neuf.

LECTURE

Les élèves écriront la lecture suivante sous la dictée du Professeur :

Petit Pierre a un pantalon court, un *corset* gris et une blouse blanche. Il a une cravate neuve et un joli béret. Il n'a pas de ceinture. Sa figure, ses oreilles et ses mains sont propres. Il a des *mitaines* noires. Il n'a pas de cache-nez rouge. Il a un foulard autour du cou.

Emile est grand. Il a un pantalon large et long, un petit gilet et un veston noir. Il n'a pas de corset. Il a un joli chapeau et un cache-nez bleu. Il a une grosse tête et des joues rouges. Ses cheveux sont noirs et *frisés*. Il a un front large et des yeux bleus.

Petit Pierre et Emile n'ont pas de montre. Ils sont bien sages. Petit Pierre a eu quatre bons points et deux belles images. Emile a eu un joli billet d'honneur. Leur papa et leur maman sont contents. Papa a donné un porte-plume neuf et un beau porte-crayon à Petit Pierre, et il a donné une boîte de compas à Emile. *C'est bien d'être sage.*

Petite conversation. — *Qui a un pantalon court et un veston noir? — Petit Pierre a-t-il un cache-nez? — Petit Pierre et Emile ont-ils un joli béret? — Qui a des mitaines noires? — des joues rouges? — les mains propres? — un foulard autour du cou? — les cheveux frisés? — un corset gris? — Qui n'a pas de montre? — de corset gris? — Qui a eu deux images? — un billet d'honneur? — Qu'est-ce que papa a donné à Petit Pierre et à Emile?*

CHAPITRE SIXIÈME

Pronoms Personnels — Démonstratifs — Possessifs

PREMIÈRE LEÇON

PRONOMS PERSONNELS

le, la, les, **compléments directs.**

Jean ! appelle Paul.   Paul ! appelle Louis.
      montre Paul.   montre Louis.
      salue Paul.   salue Louis.
      pince Paul.   pince Louis.

A la question : *Pierre! que fait Jean?* Pierre répondra : Jean appelle *Paul,* montre *Paul,* salue *Paul* et pince *Paul,* et le Professeur, supprimant la répétition du nom propre, enseignera le pronom *le* qui doit le remplacer, et après avoir dit *de vive voix* :

Jean appelle Paul, il *le* montre, il *le* salue et il *le* pince.

Il écrira cette phrase sur le tableau noir afin de la mieux fixer dans la mémoire de tous.

Maurice ! brosse ton pantalon.   Léon ! ouvre ton livre.
      brosse-*le* encore.   ferme-*le*.
      ne *le* brosse plus.   ouvre-*le* encore.

Philippe ! jette la balle.   Camille ! secoue la couverture.
      ramasse-*la*.   plie-*la*.
      mets-*la* dans ta poche.   cache-*la*.

Louis !   prends la croix.   René !   regarde cette image.
           baise-*la*.   prends-*la*.
           mets-*la* dans mon bureau.   donne-*la* à Paul.

Pierre !   appelle Philippe et Léon.   Jules !   appelle Camille et Jean.
           touche-*les*.   pousse-*les*.
           frappe-*les*.   appelle-*les* encore.

Jean !   prends mes souliers.   Louis !   tire tes bas.
           cire-*les*.   suspends-*les*.
           porte-*les* derrière le tableau.   cache-*les* dans tes sa-
                                                  bots.

Après chaque série d'actions, questionner les élèves :

Jean ! que feras-tu ? — qu'as-tu fait ? — qui a pris la croix, l'a baisée et l'a mise dans mon bureau ? — Jean a-t-il appelé Jules ? — Pierre ! que fais-tu ? etc.

EXERCICES

I

Faire rendre compte des actions suivantes *aux trois temps* :

Jean ! prends cette chandelle — allume-la, souffle dessus et mets-la dans le chandelier.

Paul ! prends une noix, écrase-la et mange-la.

Louis ! pose cette bouteille et cette carafe sur la table et cache-les dans ton pupitre.

Jules ! prends mes clefs, donne-les à Pierre et mets-les dans ta poche.

Paul ! donne-moi ton mouchoir, mets-le sur la tête de Camille, plie-le sur tes genoux et cache-le dans ton pupitre, etc.

Questions. — *Jean ! que feras-tu ? — Louis ! qu'a fait Jean ? — Pierre ! qui a pris cette chandelle et qui l'a allumée ? — Où Jean a-t-il mis la chandelle ? — Sur quoi Jean a-t-il soufflé ? etc., etc.*

II

Corriger les phrases suivantes :

Jean ! quitte *ses souliers* — il pose *ses souliers* entre Louis et Jules et il met *ses souliers* sous le banc.

Paul s'est levé — il a pris *son porte-monnaie* et il a ouvert *son porte-monnaie.*

Louis a porté *une chaise* près de M. X — il a renversé *la chaise* et il a relevé *la chaise.*

Camille a ouvert *la porte* de la classe et il a fermé *la porte* doucement.

Cet homme a traîné *une voiture* — il a lavé *cette voiture* — il a essuyé *cette voiture* et il a mis *cette voiture* sous le hangar, etc.

III

Conjuguer aux trois temps les phrases suivantes, en employant les pronoms convenables :

Saluer Paul. — Saluer Paul et Jean. — Ouvrir la boîte. — Salir le cahier. — Prendre cet encrier.

IV

Application au verbe ÊTRE. — Répondre aux questions suivantes :

Jean est-il grand? — Paul est-il fort? — Louis est-il studieux? — Camille est-il méchant? — Est-ce que René est gourmand? — Est-ce que Jules est dissipé? — Philippe et Louis sont-ils sages? — Est-ce que Jules et André sont aveugles? — Tes chaussettes sont-elles noires? — Mes souliers sont-ils propres? — Qui n'est pas beau? — Qui n'est pas paresseux?

La réponse devra être : Oui, Monsieur, il *l'est.* — Non, Monsieur, il ne *l'est pas.* — Ils ne *le* sont pas, etc.

V

Compléter les phrases suivantes :

> L'orange est jaune — la poire. . . . .
> La fraise est rouge — la cerise . . . .
> La cerise n'est pas jaune — la fraise . . . . .

Exemples : L'orange est jaune — la poire ne l'est pas.
La fraise est rouge — la cerise l'est *aussi.*
La cerise n'est pas jaune — la fraise ne l'est pas *non plus.*

Le charbon est noir — la chaux. . . . .
Le sang est rouge — l'eau . . . .
La prune est noire — la figue . . . .
La craie n'est pas rouge — le sucre. . . . . .
L'or est jaune — le cuivre. . . . .
Ta cravate est violette — tes gants. . . . . .
Ton gilet n'est pas blanc — ton pantalon. . .
Le cheval est fort — le chat . . . .
Le bœuf est gros — la vache. . . . .
Louis est gros — Jules . . . .
Arthur et Charles sont aveugles — Louis et Pierre. . . .
Maurice et Léon sont studieux — Jules et Paul . . . . .
Camille et André ne sont pas gros — Pierre et Jean . . .

LECTURE

Les élèves écriront la lecture suivante sous la dictée du Professeur :

I. Léon est entré doucement dans la cuisine — il a ouvert la porte de l'armoire — il a vu des poires, des pommes, des confitures, *du miel,* des bonbons et du sucre. Il a pris une grosse poire jaune — il l'a regardée, il l'a pelée, il l'a coupée et il l'a mangée. Il a pris les confitures et il les a mangées avec une petite cuillère. Il a pris du sucre et il l'a mangé. — Léon est gourmand, c'est mal — Dieu le punira.

Petite conversation. — *Qui est entré dans la cuisine? — Comment Léon est-il entré dans la cuisine? — Qu'a-t-il vu dans l'armoire? — Qu'est-ce qu'il a coupé? — Avec quoi a-t-il mangé les confitures? — Comment est Léon? — Qui le punira?*

II. Hier, le linger a ramassé *le linge* sale au dortoir — il l'a porté dans le grenier. Il a secoué les chemises, les serviettes, les mouchoirs et *les essuie-mains*, et il les a suspendus sur une grosse eorde. Les femmes laveront le linge sale — elles le *repasseront* et le plieront *soigneusement*.

Petite conversation. — *Qu'est-ce que le linger a ramassé au dortoir? — Où a-t-il porté le linge sale? — Qu'est-ce qu'il a secoué? — Sur quoi a-t-il suspendu le linge? — Qui le lavera? — Comment plieront-elles le linge propre?*

~~~~~~

DEUXIÈME LEÇON

PRONOMS DÉMONSTRATIFS

§ 1.

1. *Ceiui. — Celle. — Ceux. — Celles.*

Jean!   taille ton crayon.
         taille le crayon de Paul.

A la question : *Jean! que fais-tu?* l'élève répondra de vive voix d'abord : *J'ai taillé mon crayon et le crayon de Paul*, et le Professeur corrigera comme il suit :

J'ai taillé mon crayon et *celui* de Paul.

Remarque. — La même explication ou démonstration devra être donnée après chacun des ordres suivants :

Paul!   déchire ton vieux cahier.
          déchire le cahier de Louis.
                Paul! qu'as-tu fait? J'ai déchiré mon vieux cahier et *celui* de Louis.
                Paul! ton cahier et celui *de Louis sont-ils vieux?*
~~~~~~

Louis !   plie ton mouchoir.
　　　　　plie *celui* de Jules.
　　　　　　　　Paul! que fera Louis?

René !   ferme la fenêtre de la classe.
　　　　　ferme *celle* du corridor.
　　　　　　　　　René! qu'as-tu fait?
　　　　　　　　　Pierre! qu'a fait René?

Jules !   cire tes souliers.
　　　　　cire *ceux* de Camille.
　　　　　　　　　Jules! qu'as-tu fait?
　　　　　　　　　Jules! tes souliers et ceux *de Camille sont-ils*
neufs?

Camille ! mords tes mains.
　　　　　mords *celles* de Jean.
　　　　　　　　Louis! que fait Camille?

EXERCICES

Compléter les phrases suivantes :

Jules a pris son cahier et . . . . . . de Paul.
Louis a sali sa blouse et . . . . . . de Camille.
Jean a caché son livre et . . . . . . de Pierre.
René a mis ses gants et. . . . . . de Pierre dans le bureau.
La casquette de Louis et. . . . . . de Paul ne sont pas neuves.
Les souliers de Maurice et . . . . . de Philippe sont sales.
Les bancs de la chapelle et . . . . . du réfectoire sont propres.
J'ai ouvert la fenêtre de la classe et . de la salle d'étude.
J'ai écrit sur mon cahier et sur . . . de Pierre.

II

Compléter les phrases suivantes :

Le béret de Jules est blanc. — Le béret de Louis ne l'est pas.
Celui.

Mon mouchoir est rouge ;	de Jules . . . . . .
Mon gilet est blanc ;	de René. . . . . .
La tête du bœuf est grosse ;	du chat . . . . . .
Les bretelles de Louis sont neuves ; .	de Jean . . . . . .
Mes cahiers ne sont pas sales ;	de Léon . . . . . .
Le poêle de la chapelle est joli ; . . .	de la classe . . . .
Les tables du réfectoire sont larges ; .	de la salle d'étude.
Le bureau de M. le directeur est neuf ;	de mon Professeur.
La cour des Sourds-Muets est grande ;	des aveugles. . . .
Etc.	Etc.

III

Conjuguer les verbes suivants en employant les pronoms démonstratifs :

Ouvrir la porte de la classe. — Tailler le crayon de Jules. — Couper les cheveux de Louis, etc.

IV

Répondre aux questions suivantes : *De quelle couleur est la veste ? — Celle de Louis ? — Celle de Jules ? — Celle de Camille ?*

Comment sont tes cheveux et ceux de Jean ? — Est-ce que les mains et celles de Paul sont propres ? — Montre les oreilles et celles de Pierre ? — Qu'as-tu fait ? — Qui a pris mon cahier ? — Qui a pris celui de Philippe ? etc.

(Le Professeur peut et doit compléter le questionnaire.)

§ II.

2. *Celui-ci, celle-ci.* — *Ceux-ci, ceux-là.*
Celui-là, celle-là.* — *Celles-ci, celles-là.

Le Professeur met sur la table deux livres, *un gros et un petit* ; et s'adressant aux élèves : *Jean ! qu'y a-t-il sur la table ?* R. Il y a deux livres — et, désignant le plus rapproché de lui, il ajoute : *Comment est celui-ci ?* R. *Celui-ci* est gros — et, désignant le plus éloigné : *Comment est celui-là ?* R. *Celui-là* est mince. Enfin, résumant la phrase entière, *de vive voix et par écrit*, il dit :

Il y a deux livres sur la table : celui-ci est gros, celui-là est mince.

Après ce premier exercice, chaque élève est invité à passer devant la table où sont étalés les objets, et à composer, *avant de l'écrire sur le tableau,* une phrase comme les suivantes :

Il y a deux paniers sur la table : celui-ci *est lourd,* celui-là *est léger.*

Il y a deux crayons sur la table : celui-ci *est rouge,* celui-là *est noir.*

Puis, le Professeur passe successivement en revue des noms d'objets de genre et de nombre différents, comme par exemple :

Il y a deux bouteilles sur cette table : celle-ci *est pleine,* celle-là *est vide.*

Il y a deux cravates sur la table (ou voici deux cravates) : celle-ci *est neuve,* celle-là *est vieille.*

Il y a des serviettes sur cette table : celles-ci *sont propres,* celles-là *sont sales.*

Il y a des allumettes sur cette table : celles-ci *sont longues,* celles-là *sont courtes.*

Etc., etc.

LECTURE

Les élèves écriront la lecture suivante sous la dictée du Professeur :

Jules et Louis sont deux enfants : celui-ci est bon, doux, obéissant et sage — il ne pousse jamais Jules et ne le frappe pas — il s'amuse et il ne se fâche pas, il ne déchire pas ses livres et il ne prend pas ceux de ses camarades. C'est bien.

Celui-là est colère, désobéissant et paresseux — il s'amuse avec Louis, il se fâche, il le pousse, il le pince et il le frappe fortement. Il est méchant. Il salit ses livres et ceux de Louis. C'est mal.

Le papa de Louis est content, celui de Jules ne l'est pas. — Dieu aime Louis. — Dieu n'aime pas Jules. — Il punira celui-ci, il récompensera celui-là.

Petite conversation. — *Qu'est-ce que Jules et Louis? — Qui est bon? — obéissant? — colère? — doux? — Louis frappe-t-il Jules? — Avec qui s'amuse-t-il? — Qui salit ses livres? — Jules et Louis déchirent-ils leurs livres? — Le papa de Jules et celui de Louis sont-ils contents? — Qui punira Jules?*

TROISIÈME LEÇON

PRONOMS POSSESSIFS

Le mien, le tien, le sien. — Le nôtre, le vôtre, le leur.
La mienne, la tienne, la sienne. — La nôtre, la vôtre, la leur.

Les miens, les tiens, les siens ⎫ *les nôtres, les vôtres, les leurs.*
Les miennes, les tiennes, les siennes ⎭

§ I. — **Verbes actifs**

Jean ! brosse ton chapeau.
brosse celui de Louis.
brosse *le mien.*

Jean! que feras-tu? Je brosserai mon chapeau, celui de Louis et le tien.

Jean! qu'as-tu fait? — Louis! qu'a fait Jean?

Paul ! cache mon cahier.
cache celui de Jules.
cache *le tien.*

Si les élèves sont suffisamment développés, le Professeur peut donner l'ordre au *futur* : Paul ! tu cacheras mon cahier — tu cacheras celui de Jules et tu cacheras *le tien.*

Jean ! Paul ! donnez ma règle à René !

donnez celle de Louis à Jules.

donnez *la vôtre* à Pierre.

Jules ! qu'ont fait Jean et Paul ? — Jean ! Paul ! qu'avez-vous fait ? etc.

Louis ! prends la cravate de Jean.

donne-la à Paul.

mets *la tienne* dans le pupitre.

Jules ! que fera Louis ? — René ! qu'a fait Louis ? — Philippe ! à qui Louis a-t-il donné sa cravate ? — Où a-t-il mis la sienne ? etc...

Ce genre d'exercice étant un peu difficile, le Professeur ne s'y arrêtera qu'autant qu'il le jugera opportun.

MODÈLE DE CONJUGAISON

Je	—	*le mien.* *la mienne.*	Nous	—	*le nôtre.* *les nôtres.*
Tu	—	*le tien.* *la tienne.*	Vous	—	*le vôtre.* *les vôtres.*
Il	—	*le sien.* *la sienne.*	Ils	—	*le leur.* *les leurs.*

René a ouvert son livre — j'ai fermé *le mien.*

René a ouvert son livre — tu as fermé *le tien.*

René a ouvert son livre — il (Louis) a fermé *le sien.*

René a ouvert son livre — nous avons fermé [1] *le nôtre.*

René a ouvert son livre — vous avez fermé *le vôtre.*

René a ouvert son livre — ils (Jules et Louis) ont fermé *le leur.*

Exercice. — Conjuguer à tous les temps et à toutes les personnes les verbes suivants :

Brosser mon chapeau — remplir mon verre — mettre sa montre sur la table — cacher ses bas sous le matelas.

---

1. La pratique amènera assez rapidement les élèves à distinguer dans quels cas ils doivent employer le pronom possessif pluriel.

§ II. — **Verbe ÈTRE et pronoms possessifs :**

Le nez de Jean est long.
Celui de Louis est court.
Le mien est gros.

La tête de Paul est grosse.
Celle de René est petite.
La mienne est petite aussi.

Les yeux de Louis sont verts.
Les miens sont bleus.

Mes cheveux sont longs.
Les liens sont noirs.

Employer pour ce paragraphe le procédé indiqué au chapitre du verbe *être*. — Après le sujet, faire un signe d'interrogation et laisser les élèves compléter la phrase.

QUATRIÈME LEÇON

PRONOMS PERSONNELS

Employés : *1° Comme compléments directs :*

Jean ! frappe-moi.
    Que feras-tu? . . . . Je *te* frapperai.

Paul ! frappe-toi.
    Qu'as-tu fait? . . . . Je *me* suis frappé.
    Louis! qu'a fait Paul? . . . Il *s'*est frappé.

Paul ! frappe-moi.
    Jules! qu'a fait Paul? . . . Il *t'*a frappé.

8

Louis ! frappe René.

>*René ! qu'a fait Louis ? . . .*   Il *m*'a frappé.

Louis ! frappe René et Jules.

>*René ! Jules ! qu'a fait Louis ?*   Il *nous* a frappés.

René et Jules interpellant Louis :

>*Qu'as-tu fait ? . . . .*   Je *vous* ai frappés.

René ! Jules ! frappez-moi.

>*Qu'avez-vous fait ? . . . , .*   Nous *t*'avons frappé.

2° Comme compléments indirects :

Pierre !   donne une image *à René.*
donne ton livre *à René.*
donne un bonbon *à René.*

>*Paul ! que fera Pierre ?*
>Il donnera une image *à René.*
>Il donnera son livre *à René.*
>Il donnera un bonbon *à René.*

Et le Professeur fera dire et écrire :

Pierre donnera une image *à René* — il *lui* donnera son livre et il *lui* donnera un bonbon.

Jean ! pousse Philippe et donne-lui ton porte-plume.

>*Jean ! qu'as-tu fait ?*
>*As-tu donné un crayon à Philippe ?*

Non, Monsieur, je ne *lui* ai pas donné un crayon, je *lui* ai donné mon porte-plume.

René ! frappe Jean et Camille.
Donne une balle à Jean et à Camille.

>*René ! qu'as-tu fait ?*

J'ai frappé Jean et Camille et je *leur* ai donné une balle.

Louis ! qu'est-ce que René a donné à Jean et à Camille ? Il *leur* a donné une balle.

Pierre ! René a-t-il donné des billes à Jean et à Camille ? Non, Monsieur, il ne *leur* a pas donné de billes, il *leur* a donné une balle.

———

EXERCICE

Jules ! secoue mon mouchoir et suspends-le à cette pointe.
Que fera Jules ? — Qu'a-t-il fait ?

Paul ! René ! ramassez mon crayon et donnez-le-moi.
Paul ! René ! qu'avez-vous fait ? — Jules ! qu'ont fait Paul et René ? — Qui m'a donné mon crayon ?

Pierre ! pousse Camille et Louis et donne-leur mon crayon.
Camille ! qu'a fait Pierre ? — Camille ! Louis ! qu'a fait Pierre ? — Jules ! qu'a fait Pierre ?

Philippe ! salue René et donne-lui un bonbon.
René ! qu'a fait Philippe ! — Philippe ! qu'as-tu fait ? — Jean ! qu'a fait Philippe ?

Jules ! salue-moi et agenouille-toi sur le banc.
Jules ! que feras-tu ? — Qu'as-tu fait ? — Qui m'a salué ? — Où t'es-tu agenouillé ? etc.

Multiplier les exercices autant que le Professeur le jugera utile.

———

EXERCICES D'APPLICATION

I

Les élèves rendent compte aux 3 temps connus :

Philippe ! essuie ton ardoise !
donne-la à Jean !

Avant l'action, le Professeur dira :

Jean! que fera Philippe? Il essuiera son ardoise et il me la donnera.
Philippe! que feras-tu? J'essuierai mon ardoise et je la donnerai à Jean.

Après l'action :

Philippe! qu'as-tu fait? J'ai essuyé mon ardoise et je l'ai donnée à Jean.
Jean! qui a essuyé son ardoise?
C'est Philippe.
Philippe! qui a essuyé son ardoise?
C'est moi.

Camille! prends ces deux cahiers; donne celui-ci à Paul et celui-là à Jean!

Jules! allume deux bougies; mets celle-ci dans le chandelier et celle-là dans la lanterne!

Pierre! cache ton couteau et celui de Maurice dans le pupitre de Louis!

René! vide ton porte-monnaie et celui de Paul!

Avant et après chacune des actions, adresser aux élèves les questions d'usage :

Que fera Camille? — Jules? — Pierre? — René? — Qui essuiera son ardoise? — Qui la donnera à Jean? etc...
Philippe! qu'as-tu fait? — Qui a allumé ces deux bougies? — Jean! où as-tu mis ces deux bougies? — Qu'est-ce que Pierre a caché dans le pupitre de Louis? — Maurice! qu'a fait Pierre? — René! qu'as-tu fait? — Jules! Pierre et René ont-ils vidé leur porte-monnaie?

II

Remplacer les traits par les pronoms convenables :

Exemples : Jules est sage et Paul ne — est pas.
Jules est sage et Paul ne *l'*est pas.

La blouse de Pierre et — de Louis sont neuves.
La blouse de Pierre et *celle* de Louis sont neuves.

Louis n'est pas malade, Jules — est.

René est attentif et Jean ne — est pas.

Camille a pris le crayon de René et — de Paul.

La tête du cheval et — du bœuf sont grosses.

Je n'ai pas ouvert les fenêtres de l'étude, Louis a ouvert — du dortoir.

Jean et Paul ne sont pas gourmands, Roger et Maurice — sont.

Ma casquette est déchirée, — de Léon ne — est pas.

As-tu ciré mes souliers et — de Roger ?

Le linger a mis les chaussettes de Jean et — de Pierre sur le lit de M. X...

Etc... etc...

III

Pronoms démonstratifs ou possessifs. — Compléter ou corriger les phrases suivantes :

Le chapeau de M. l'aumònier est noir — *le chapeau* de M. X... est gris — *mon chapeau* est blanc.

Vos souliers sont vieux, — *les souliers* de Jules sont déchirés, — *mes souliers* sont neufs,

La cravate de Pierre est neuve — *la cravate* de René est rouge — *ma cravate* est noire.

Les cheveux de Maurice sont longs — *mes cheveux* sont courts.

Le cahier de Paul et *le cahier* de Jean sont déchirés, — *mon cahier* et *le cahier* de René sont propres.

Etc...

IV

Rendre compte :

René !	viens près de moi ! donne-moi ton couteau ! donne le mien à Jules !
Louis !	ramasse cette cravate ! mets la tienne sur la table ! donne celle de Jules à Paul !
Jean ! Jules !	sortez de la classe ! ouvrez la fenêtre du corridor ! ouvrez la nôtre !

Pierre! Camille! écrivez sur le tableau!
brossez vos souliers!
brossez les miens!

Questions : *Qui ouvrira la fenêtre du corridor et la nôtre?* C'est Jean et Jules!

Que feront Jean et Jules? Ils sortiront de la classe, ils ouvriront la fenètre du corridor et ils ouvriront la nôtre.

Jean! Jules! que ferez-vous? Nous sortirons, etc... *Est-ce que vous sortirez de la classe?*

(Questions au présent et au passé.)

V

Conjuguer au présent, au passé et au futur les verbes suivants :

Oter sa cravate — boire du vin (passé : *j'ai bu*) — mettre sa plume dans le pupitre — donner son porte-monnaie à M. X... Etc...

LECTURE

LE PETIT FRÈRE ET LA PETITE SŒUR

Dimanche matin, Emile et Julia se sont levés — ils ont embrassé leurs bons parents. Ils ont pris leurs beaux habits et les ont brossés *avec soin*. Emile a ciré ses souliers, Julia a ciré aussi les siens. Ils ont déjeuné et ils sont allés à la messe. Emile a mis son livre dans la poche de sa veste. Julia a mis le sien sous son bras. Il a fait froid. Ils ont marché vite. Julia a caché ses mains dans son *manchon*. Emile a caché les siennes dans les manches de sa veste. Près de l'église, Emile a donné un sou à un pauvre. Julia lui a donné deux sous. Le pauvre les a remerciés. Ils sont entrés dans l'église, ils ont salué Jésus dans le tabernacle, ils se sont agenouillés et ils ont *assisté* à la messe. Emile et Julia sont charitables et pieux.

Petite conversation : *Qui a embrassé ses parents? — Qu'est-ce qu'Emile et Julia ont brossé? — Qui a ciré ses souliers? — Où Emile a-t-il mis son livre? — Où a-t-il caché ses mains? — Où Julia a-t-elle caché les siennes? — Ont-ils marché lentement? — A qui Julia a-t-elle donné deux sous? — Qu'a fait le pauvre? — Qui ont-ils salué dans l'église? — Comment sont Emile et Julia? — Est-ce bien?*

CHAPITRE SEPTIÈME

LEÇON UNIQUE

PARTICIPE PRÉSENT

Jean ! marche !   Paul ! marche !
Jean ! lis !   Paul ! ris.
Jean ! lis *en marchant* !   Paul ! ris *en marchant* !

Louis ! mange du pain !
Louis ! cours !
Louis ! mange du pain *en courant* !

René ! écris sur le tableau !
René ! ferme les yeux !
René ! écris *en fermant* les yeux !

Pierre ! dessine sur ton ardoise !
Pierre ! gratte la table !
Pierre ! dessine *en grattant* la table !

Jules ! mouche-toi !
Jules ! marche !
Jules ! mouche-toi *en marchant* !
Jules ! marche *en te mouchant* !

Refaire cette leçon au pluriel.

CHAPITRE HUITIÈME

TRANSMISSION D'ORDRES SIMPLES ·
(dire à N... de — ordonner à N... de — commander à N... de —)

Le chapitre huitième est, sous une forme nouvelle, une récapitulation générale du Cours de première année.

Le Professeur ne s'y attardera qu'autant que les élèves le comprendront et l'appliqueront sans trop de difficultés.

---

§ I

Affirmation.

Jean ! ordonne à Léon d'étudier.
Léon ! étudie.

Paul ! ordonne à Maurice de dessiner.
Maurice ! dessine.

Louis ! ordonne à Roger de saluer Jean.
Roger ! salue Jean.

René ! ordonne à Charles de toucher Camille.
Charles ! touche Camille.

Questions à adresser aux élèves :

Jean! qu'as-tu fait? J'ai ordonné à Léon d'étudier. — *Louis! qu'a fait Jean?* Il a ordonné à Léon d'étudier. — *Louis! Jules a-t-il ordonné à Léon d'étudier?* Non, Monsieur, Jean a ordonné à Léon d'étudier. *Louis! qui a ordonné à Léon d'étudier?* C'est Jean. — *Louis! à qui Jean a-t-il ordonné d'étudier?* A Léon.

Négation.

Jean! ordonne à Léon de ne pas étudier.
Léon! n'étudie pas.

Paul! ordonne à Maurice de ne pas dessiner.
Paul! ne dessine pas.

Louis! ordonne à Roger de ne pas saluer Jean.
Roger! ne salue pas Jean.

René! ordonne à Charles de ne pas toucher Camille.
Charles! ne touche pas Camille.

2ᵉ personne du pluriel.

Jean! ordonne à Jules et à Maurice de renverser la chaise.
Jules! Maurice! renversez la chaise.

Paul! ordonne à Camille et à Philippe de relever la chaise.
Camille! Philippe! relevez la chaise.

Louis! ordonne à Pierre et à Charles d'essuyer le banc.
Pierre! Camille! essuyez le banc.

René! ordonne à Roger et à Louis de secouer le rideau.
Roger! Louis! secouez le rideau.

Questions, comme plus haut, en ajoutant le pluriel. — *Jules! Maurice! qu'a fait Jean?* Il *nous* a ordonné de renverser la chaise.

Louis! à qui Jean a-t-il ordonné de renverser la chaise? A Jules et à Maurice.

Jules! Maurice! à qui Jean a-t-il ordonné de renverser la chaise? A nous.

(Reprendre l'exercice à la forme négative.)

Jean! Paul! ordonnez à Léon de brosser ce manteau.

Léon! brosse ce manteau.

Louis! René! ordonnez à Maurice d'ouvrir la fenêtre.

Maurice! ouvre la fenêtre.

Pierre! Jules! ordonnez à Charles de remplir cette bouteille.

Charles! remplis cette bouteille.

Camille! Philippe! ordonnez à Roger de suspendre cette
blouse.

Roger! suspends cette blouse.

Questions particulières. — *Jean! Paul! qu'avez-vous fait?* — *Nous* avons ordonné à Léon de brosser ce manteau.

Léon! qu'ont fait Jean et Paul? Ils m'ont ordonné de brosser ce manteau.

Léon! à qui Jean et Paul ont-ils ordonné de brosser ce manteau? A moi.

Léon! qui t'a ordonné de brosser ce manteau? C'est Jean et Paul.

Multiplier les questions pour donner aux élèves l'intelligence du texte.

§ II

Singulier : LUI.

Jean!   appelle Maurice.

Maurice!

Commande-*lui* de sauter à pieds joints.

Saute à pieds joints.

Paul!   commande à Charles de prier devant le crucifix.

Charles! prie devant le crucifix.

Commande-*lui* de sortir de la classe.

Sors de la classe.

Louis! commande à Roger de passer par-dessous la table.

Roger! passe par-dessous la table.

Commande-*lui* de marcher à reculons.

Marche à reculons.

René ! commande à Léon de s'en aller.
Léon ! va-t'en.
Commande-*lui* d'entrer dans la classe.
Entre dans la classe.

Questions : *Jean ! qu'as-tu fait?* J'ai appelé Maurice et je lui ai commandé de sauter à pieds joints.

Maurice ! qu'a fait Jean? Il m'a ordonné de sauter à pieds joints.

Jules ! qu'a fait Maurice ? — Il a sauté à pieds joints.

Jules ! comment Jean a-t-il ordonné à Maurice de sauter? A pieds joints.

Etc...

Pluriel : LEUR.

Jean !   appelle Jules et Pierre.

Jules ! Pierre !
Commande-*leur* de suspendre mon manteau.
Suspendez le manteau de M. X...

Paul !   commande à Camille et à Philippe d'ôter leur cravate.
Camille ! Philippe ! ôtez vos cravates.
Commande-*leur* de brosser tes sabots.
Brossez mes sabots.

Louis ! commande à Maurice et à Charles de tirer les oreilles de Jules.
Maurice ! Charles ! tirez les oreilles de Jules.
Commande-*leur* de brosser ses cheveux.
Brossez les cheveux de Jules.

René ! commande à Roger et à Léon de prendre ma montre.
Roger ! Léon ! prenez la montre de M. X...
Commande-*leur* de donner ton porte-plume à Louis.
Donnez mon porte-plume à Louis.

Questions : *Jean ! qu'as-tu fait?* J'ai appelé Jules et Pierre et je *leur* ai commandé de suspendre ton manteau.

Jean ! à qui as-tu commandé de suspendre mon manteau? A Jules et à Pierre.

Jules ! Pierre ! qu'a fait Jean ? Il *nous* a commandé de suspendre ton manteau.

Louis! qui a suspendu mon manteau? C'est Jules et Pierre.

Louis! qui leur a commandé de suspendre mon manteau? C'est Jean.

Etc...

(Ne pas omettre l'emploi de la forme négative.)

§ III

Pronoms : LE, LA, LES, compléments directs.

Jean ! dis à Maurice de prendre une poire.
> *Maurice! prends une poire.*

Dis-lui de *la* manger.
> *Maurice! mange-la.*

Paul ! dis à Charles de verser du vin dans ce verre.
> *Charles! verse du vin dans ce verre.*

Dis-lui de *le* boire.
> *Charles! bois-le.*

Louis! dis à Roger de peler ces châtaignes.
> *Roger! pèle ces châtaignes.*

Dis-lui de les donner à Jules.
> *Roger! donne-les à Jules.*

Dis à Jules de les manger.
> *Jules! mange-les.*

René ! dis à Léon de couper cette poire et cette pomme.
> *Léon! coupe cette poire et cette pomme.*

Dis-lui de les manger.
> *Léon! mange-les.*

Questions : *Qu'a fait Maurice?* Il a mangé une poire.

Qui lui a dit de la manger? C'est Jean.

Jean! as-tu dit à Maurice de manger cette poire? Oui, Monsieur, je lui ai dit de manger cette poire.

Maurice! qui t'a dit de manger cette poire? C'est Jean.

Maurice! qu'a fait Jean? Il m'a dit de manger cette poire.

Maurice! as-tu mangé cette poire? Oui, Monsieur, je l'ai mangée.

Etc... etc...

§ IV

Verbes pronominaux.

Jean ! ordonne à Pierre de s'agenouiller.
> *Pierre ! agenouille-toi.*

Dis-lui de se relever.
> *Pierre ! relève-toi.*

Louis ! ordonne à Camille de se moucher.
> *Camille ! mouche-toi.*

Dis-lui de se peigner.
> *Camille ! peigne-toi.*

Paul ! ordonne à Jules de se laver les mains.
> *Jules ! lave-toi les mains.*

Dis-lui de s'essuyer les mains.
> *Jules ! essuie-toi les mains.*

René ! ordonne à Philippe de se laver les oreilles.
> *Philippe ! lave-toi les oreilles.*

Dis-lui de se laver la figure.
> *Lave-toi la figure.*

Questions : *Pierre ! qu'a fait Jean ?* Il m'a ordonné de m'agenouiller et de me relever.

Jean ! as-tu ordonné à Pierre de s'agenouiller ? Oui, Monsieur, je lui ai ordonné de s'agenouiller.

Pierre s'est-il agenouillé ? Oui, Monsieur, il s'est agenouillé.

Etc...

Affirmation.

Pierre ! ordonne à Jean de s'asseoir sur le banc.
> *Jean ! assieds-toi sur le banc.*

Dis-lui de s'asseoir sur la chaise.
> *Assieds-toi sur la chaise.*

Dis-lui de s'asseoir par terre.
> *Assieds-toi par terre.*

Jules ! ordonne à Paul de s'agenouiller devant le crucifix.

Paul ! agenouille-toi devant le crucifix.

Dis-lui de s'agenouiller à côté de moi.

Agenouille-toi à côté de M. X...

Dis-lui de s'agenouiller derrière le tableau.

Agenouille-toi derrière le tableau.

Etc...

Questions : *Qui s'assied? — Qui s'est assis? — Où Jean s'est-il assis? — Qui lui a dit de s'asseoir sur la chaise? — par terre? — S'est-il assis sur la table et sur le banc? Etc...*

Négation.

Jean ! dis à Maurice et à Charles de ne pas s'asseoir à côté de toi.

Maurice! Charles! ne vous asseyez pas à côté de moi.

Dis-*leur* de s'asseoir à côté de Jules.

Asseyez-vous à côté de Jules.

Paul ! dis à Roger et à Léon de ne pas s'agenouiller derrière le tableau.

Roger! Léon! ne vous agenouillez pas derrière le tableau.

Dis-*leur* de s'agenouiller devant le crucifix.

Agenouillez-vous devant le crucifix.

Questions : *Jean! qu'as-tu dit à Maurice et à Charles?* Je *leur* ai dit de ne pas s'asseoir à côté de moi et de s'asseoir à côté de Jules.

Maurice! Charles! qu'avez-vous fait? Nous ne nous sommes pas assis à côté de Jean, nous nous sommes assis à côté de Jules.

Maurice! Charles! qui vous a dit de ne pas vous asseoir à côté de Jean? C'est Jean, ou c'est *lui.*

Maurice! Charles! vous êtes-vous assis à côté de Jean? Non, Monsieur, nous ne nous sommes pas assis à côté de lui.

Etc... etc...

§ V

Adjectifs avec le verbe ÊTRE.

Philippe! dis à Jean d'être sage.
Jean! sois sage.
Dis-lui *d'être attentif.*
Jean! sois attentif.

Camille! dis à Paul et à Louis d'être bons et obéissants.
Paul! Louis! soyez bons et obéissants.
Dis-leur de ne pas être paresseux et gourmands.
Paul! Louis! ne soyez pas paresseux et gour-
mands.

Pierre! dis à Maurice et à Charles d'être studieux *et sobres.*
Maurice! Charles! soyez studieux et sobres.
Dis-leur de ne pas être méchants et colères.
Ne soyez pas méchants et colères.

Jules! dis à Roger et à Léon de ne pas être dissipés.
Roger! Léon! ne soyez pas dissipés.
Dis-leur d'être sages.
Roger! Léon! soyez sages.

Adjectifs avec les verbes actifs.

Jean! dis à Louis de prendre une *petite* image dans mon livre.
Louis! prends une petite image dans le livre
de M. X...
Dis-lui de la donner à un *grand* élève.
Donne-la à un grand élève.

Paul! dis à Jules et à Camille de chercher un *beau* calepin
dans mon bureau.
Jules! Camille! cherchez un beau calepin dans le
bureau de M. X...

Dis-leur de montrer une *haute* maison sur cette gravure.

Jules ! Camille ! montrez une haute maison sur cette gravure.

Louis ! dis à Pierre et à Charles de vider cette *grande* bouteille !

Pierre ! Charles ! videz cette grande bouteille.

Dis-leur de montrer une bouteille *pleine* et une bouteille *vide*.

Pierre ! Charles ! montrez une bouteille pleine et une bouteille vide.

Etc... etc...

Questions. — I. *Philippe ! qu'as-tu dit à Jean ? Je lui ai dit d'être sage et attentif.*

Lui as-tu dit d'être dissipé ? Non, Monsieur, je ne lui ai pas dit... cela (d'être dissipé).

Jean ! que t'a dit Philippe ? Il m'a dit d'être sage et attentif.

Est-ce bien d'être sage et attentif ? Oui, Monsieur, c'est bien.

Etc... etc...

II. *Louis ! qu'as-tu pris dans mon livre ? J'ai pris une petite image dans ton livre.*

Qui t'a dit de la prendre ? C'est Jean.

Jean ! est-ce que tu as dit à Louis de prendre une petite image dans mon livre ? Oui, Monsieur, je lui ai dit... cela (de prendre une petite image dans votre livre).

Comment est cette image ? Elle est petite.

A qui l'as-tu donnée ? Je l'ai donnée à un grand élève.

Etc... etc...

APPENDICE

EXPRESSIONS USUELLES A APPRENDRE AUX ÉLÈVES PENDANT L'ANNÉE PRÉPARATOIRE

Bonjour,
Bonsoir,
Au revoir, } Monsieur, Madame.
Merci,
Je vous remercie, } Maman, Papa.
Oui,
Non,

Je sais bien.
Je ne sais pas.
J'ai fini.
Je n'ai pas encore fini.

C'est facile.
C'est difficile.
C'est bien.
C'est mal.

Ce matin.
Ce soir.
Hier.
Aujourd'hui.
Demain.

Il fait beau temps.
Il fait froid.
Il fait chaud.
Il fait de l'orage.
Il fait du vent.

Il pleut.
Il neige.
Il grêle.

Je suis malade.
Je suis enrhumé.
Je suis fatigué.
Je suis content.

J'ai faim.
J'ai soif.
J'ai froid.
J'ai chaud.
J'ai mal à la tête.
J'ai mal au pied.
J'ai mal au ventre.

Je n'ai pas de crayon.
Je n'ai pas de plume.
Je n'ai pas de couteau.

Donnez-moi un crayon, s'il vous plaît.
Donnez-moi une plume, s'il vous plaît.
Permettez-moi d'aller chercher mon porte-plume, s'il vous plaît.
Permettez-moi d'aller chercher mon mouchoir, s'il vous plaît.
Permettez-moi de sortir, s'il vous plaît.
J'ai besoin de sortir.

TABLE DES MATIÈRES

CHAPITRE TROISIÈME

VERBES NEUTRES. — ADVERBES. — PRÉPOSITIONS ET LOCUTIONS PRÉPOSITIVES

CHAPITRE QUATRIÈME

VERBE ÊTRE ET ADJECTIFS QUALIFICATIFS

CHAPITRE CINQUIÈME

VERBE AVOIR

CHAPITRE SIXIÈME

CHAPITRE SEPTIÈME

CHAPITRE HUITIÈME

APPENDICE

LIGUGÉ (Vienne)

IMPRIMERIE SAINT-MARTIN

M. BLUTÉ